本书受安徽财经大学著作出版基金资助

责任型领导与员工 环保组织公民行为

实证研究与中国议题

韩志勇 ◎著

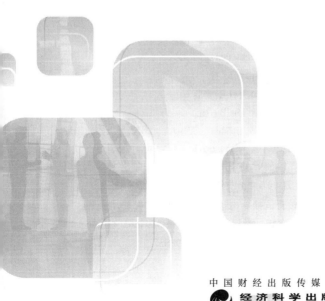

中国财经出版传媒集团

经济科学出版社
Economic Science Press

·北京·

图书在版编目（CIP）数据

责任型领导与员工环保组织公民行为 ： 实证研究与
中国议题／韩志勇著． -- 北京 ： 经济科学出版社，
2024. 10. -- ISBN 978 - 7 - 5218 - 6299 - 7

Ⅰ. F279. 23

中国国家版本馆 CIP 数据核字第 2024D8C709 号

责任编辑：黎子民
责任校对：王京宁
责任印制：张佳裕

责任型领导与员工环保组织公民行为：实证研究与中国议题
ZERENXING LINGDAO YU YUANGONG HUANBAO ZUZHI
GONGMIN XINGWEI：SHIZHENG YANJIU YU ZHONGGUO YITI
韩志勇　著
经济科学出版社出版、发行　新华书店经销
社址：北京市海淀区阜成路甲 28 号　邮编：100142
总编部电话：010 - 88191217　发行部电话：010 - 88191522
网址：www. esp. com. cn
电子邮箱：esp@ esp. com. cn
天猫网店：经济科学出版社旗舰店
网址：http：//jjkxcbs. tmall. com
北京季蜂印刷有限公司印装
710×1000　16 开　12.5 印张　190000 字
2024 年 10 月第 1 版　2024 年 10 月第 1 次印刷
ISBN 978 - 7 - 5218 - 6299 - 7　定价：86.00 元
（图书出现印装问题，本社负责调换。电话：010 - 88191545）
（版权所有　侵权必究　打击盗版　举报热线：010 - 88191661
QQ：2242791300　营销中心电话：010 - 88191537
电子邮箱：dbts@ esp. com. cn）

前言

　　本书主要探讨责任型领导与员工环保组织公民行为之间的关系，并进一步探究中国情境下责任型领导研究的新课题。全书共八章，主要包括三部分：第一部分包括导论、责任型领导与环保组织公民行为的概念、测量以及研究综述，分为三章内容。第二部分为责任型领导与员工环保组织公民行为的实证研究，共分为三章，分别为责任型领导与员工环保组织公民行为：基于自我决定理论视角；责任型领导与员工环保组织公民行为：基于社会认知和社会交换的视角；责任型领导与员工环保组织公民行为：基于情感事件理论视角。第三部分包括结论与展望。本部包括第七章和第八章。第七章总结了责任型领导与员工环保组织公民行关系为实证研究结论，并从研究结论出发，对研究中的相关问题进行了讨论。第八章在理论研究的基础上，从实践出发提出提高员工环保组织公民行为的组织管理建议，另外，本章进一步从理论层面，提出中国情境下改善责任型领导力研究的建议。

　　本书从理论和实证角度，在梳理责任型领导相关研究现状的基础上，通过实证研究发现责任型领导与员工环保组织公民行为之间的影响机制及其理论边界，提出了中国情境下责任型领导研究相关建议，从而为组织改善员工环保行为，提升组织环境绩效提供新视角。同时，本书适合经济管理专业学生阅读，也可以为领导力教学相关课程提供参考用书。

目录

第一章 导　　论

[**本章导读**]

领导既可以指一种行为，也可以指领导者。领导风格就是领导者的不同领导行为。在可持续发展背景下，企业需要接受政府、环保组织和公众的环保监督，同时也需要根据市场需要进行绿色创新，承担社会责任。探究如何促进员工环保行为是理论界的研究焦点。根据利益相关者理论，企业领导者不仅要关注员工等内部利益相关者利益，还需要关注客户、政府、社区等外部利益相关者利益；根据企业社会责任理论，领导者需要推动企业承担经济、社会和环境责任。基于此，本章从可持续发展的大背景来分析领导的作用，探究责任型领导如何影响员工环保组织公民行为。本章还介绍了全书的研究主要内容和研究方法。

第一节　研究背景及意义

一、现实背景

近年来，全球自然环境不断恶化和大众环保意识增强促使各个国家将可持续发展作为获取竞争优势的战略选择。2012 年，美国宣布了为期 10 年的清洁能源及绿色经济发展计划；欧盟提出了"欧洲 2020"，其目的在于提高国家可持续竞争力和推动绿色发展；日本、巴西等国也从平衡经济、社会和环境关系出发提高能源利用效率。在中国，随着《大气污染防治法》等有关环境保护方面法律新规的相继出台，环境保护、资源节约以及绿色发展已经成为全社会的共识。企业是经济和社会发展的主要参与者，同时也是环境污染问题的重要源头，因此，绿色发展成为企业谋求可持续发展的战略选择。一方面，企业面临政府、环保组织、消费者等相关利益方的环保压力，被动参与到各种环保活动中来，并接受公众监督。根据普华永道提供的报告，标普 500 指数中有 90% 以上的公司公布了有关废气排放等环保方面的数据。另一方面，为了获取持续的竞争优势、树立良好的企业形象、降低成本，企业以资源节约和环境友好的方式开展生产经营活动，逐渐将绿色环保理念融入产品设计、生产、销售等环节，主动实施环境管理。因此，为了保持可持续竞争力，许多企业已经逐步将绿色发展理念融入金融、供应商选择、产品生产和人力资源等相关战略决策中（唐贵瑶等，2015）。

在企业的可持续管理中，各方利益相关者发挥着重要作用，这些利益相关者既包括企业、政府和非营利性组织，也包括组织中的员工以及团队（Starik et al.，2016），其中，员工是关键因素，因为他们的行为直接作用于其他利益相关者。员工的环保主动性行为既包括在组织中的直接环保行为，也包括对其他利益相关者的间接作用行为。在环境管理中，企业往往更多注重战略与环境规制等，对员工的环保主动性行为关注较少。员工是企业中非常重要的利益相关者，企业的环保行为极大地依赖于员工的参与和执行，另外，员工个体的人际互动也有助于促进宏观层面的可持续管理（Felin et al.，2015）。企业要想实现更好的环境管理绩效就需要充分发挥人力资源的主动性和积极性，尤其是要关注那些自愿、不受正式制度奖励的环保行为（Boiral，2009），例如，员工提出有针对性的解决环境问题的建议、节约资源等。在企业的环境管理中，领导者以及组织情境对员工环保行为有重要的刺激作用。那些关注环保的领导风格可以改善员工的环保态度，引导员工积极参与到组织环境管理中来，同时组织的整体情境也向员工提供了一种支持环保的信号，这种信号也会促使员工改变对环保的态度，进而实施更多的环保行为。因此，对于充分调动人力资源在企业环境管理中的主动性具有重要意义。

二、理论背景

在有关企业环境管理的研究中，学者们一直从战略和运营层面关注企业环保行为的学术研究，却忽视了企业员工环保行为的基础价值（Galpin and Whittington，2012）。企业的环保制度与政策在很大程度上取决于员工的参与与执行，相关研究证实了员工对于企业可持续管理具有重要作用（Felin et al.，2015）。因此，有必要从员工层面来研究环保行为。同时，员工主动性行为的研究也逐渐引起了学术界的浓厚兴趣，尽管学者们对以组织公民行为为代表的议题研究较多，但忽视了员工环保主动性行为的研究（Ozaki，2011），环保组织公民行为就是在这种背景下提出的。尽管员工环保行为在组织的环境管理中发挥了重要作用，但对于如何调动员工环保行为主动性的研究相对较少，因此有必要对此进行深入研究。

由于员工环保行为会对企业环境管理绩效产生重要影响，一部分学者开始研究环保组织公民行为的影响因素，如员工感知到的组织支持（Lamm et al.，2015）、员工环保自我担当（张佳良等，2018）、组织层次的企业环保措施（Paille et al.，2013）、企业环保忧虑（Temminck et al.，2015）、企业环保态度（Lamm et al.，2015）等。其中，领导者作为连接组织与员工的重要纽带，其领导行为深刻影响下属的环保组织公民行为。有学者以情感事件理论为基础探讨了伦理型领导通过激发员工自我环保担当来促进环保组织公民行为（张佳良等，2018）。上述领导行为主要在企业内部通过上下级关系的互动来影响员工环保行为，是基于领导—下属的二元视角，忽视了与企业其他利益相关者的互动。员工的环保组织公民行为作为一种角色外行为，其根本目的在于通过提升企业的环保绩效来改善社会生态环境，因此探讨领导行为对员工环保行为的影响时，需要考虑各利益相关者的作用，而责任型领导恰恰就是一种关注企业和其他利益相关者群体利益的领导行为。责任型领导将领导力和社会责任相结合，考虑企业员工在内的众多利益相关者利益，力图实现经济效益、社会效益和生态效益相结合，这与员工环保组织公民行为的思想不谋而合。因此责任型领导能够有效激发员工从事环保行为的责任感和激情，从而实施更多的环保行为。

基于以上的背景，本研究从利益相关者理论视角来探讨责任型领导如何影响员工的环保组织公民行为。

三、研究意义

（一）理论意义

第一，深化责任型领导对员工主动性行为的研究。责任型领导作为一种积极领导行为，可以通过与员工互动来影响其态度、认知，从而促进员工行为的改变。学者们主要从社会交换、社会学习、社会信息加工等视角来研究责任型领导对于员工的作用效果（时阳等，2017）。有关责任型领导作用结果的研究主要集中在对员工的工作态度与角色内行为方面，鲜有学者把责任型领导与角色外行为的员工主动行为联系起来。责任型领导追求人、社会与环境的协调统一，因此会积极参与组织环境管理系统构建。另外，责任型领导将员工作为重要的利益相关者，所以责任型领导会通过道德垂范影响员工的环保行为。邢璐（2017）研究发现，责任型领导通过感性和理性路径影响员工绿色行为。同时，学者们也开始探索责任型领导对员工主动行为的研究，比如，郭亿馨和苏勇（2018）指出责任型领导从责任感知与下属依赖两种途径作用于员工组织公民行为。将员工主动行为与环保行为结合起来的环保组织公民行为是否也受责任型领导的影响？本研究从可持续发展大背景出发，探究责任型领导对员工的环保心理与行为的影响，有助于深化责任型领导对员工心理与行为状态的研究。

第二，丰富和拓展了环保组织公民行为影响因素研究。随着对组织环境管理关注的增加，提高组织环境管理绩效成为组织的重要目标，学者们也从不同方面研究如何提高员工环保组织公民行为。尽管环保组织公民行为属于员工的自发行为，并非角色内工作，但其行为是在组织中表现出来的，因此必然受到组织情境的影响。帕耶等（Paillé et al.，2014）研究指出组织的战略人力资源管理实践也影响员工的环保组织公民行为。学者们也发现，组织的环保实践（Paille et al.，2013）和环保承诺（Erdogan et al.，2015）也会影响员工从事环保组织公民行为。另外，领导风格是一种重要的组织情境，相关研究发现辱虐管理负向预测环保组织公民行为（贾进，2016）。已有研究大部分从单一角度分析员工环保组织公民行为发生的原因，而本研究从自我决定理论、社会认知理论、社会交换理论和情感事件理论角度探讨责任型领导与环保组织公民行为的关系，可以更为全面、系统地分析员工环保组织公民行为的发生机制。另外，不同于传统领导风格，责任型领导关注各利益相关者的利益，而员工从事环保组织公民行为的目的也不仅仅是为了组织的环境管理绩效，同时也为了更广泛的社会生态环境，因此，责任型领导与环保组织公民行为有相似的目的，都关注更广泛的社会责任，将责任型领导作为环保组织公民行为的激励因素丰富和拓展了研究视角。

第三，探索环保组织公民行为的多路径作用机制。本研究基于自我决定理论、社会认知理论、社会交换理论和情感事件理论构建了责任型领导对环保组织公民行为的影响机制模型，从多路径来分析责任型领导如何激发员工从事环保组织公民行为。虽然现有研究表明高责任感知的员工更容易从事主动行为，比如组织公民行为，但鲜有研究探究建设性责任感知与环保组织公民行为的影响。本研究将建设性责任感知作为一种心理机制来探究责任型领导与环保组织公民行为的关系，这扩展了责任感知方面的研究。本研究扩展了社会交换理论在员工责任感知方面的应用研究，建设性责任感知作为"互惠原则"在组织中的具体体现是当员工感知到领导与组织的资源支持，为了回馈领导与组织，就会作出环保组织公民行为，这丰富了社会交换理论在领导风格员工主动行为之间关系的研究。

尽管以往的研究认为积极情绪在领导行为与员工环保组织公民行为之间发挥着心理传导机制的作用（蔺琳，2014），但极少有研究分析积极情感在责任型领导与环保组织公民行为之间发挥怎样的作用。环保激情作为一种积极情绪，是员工愿意从事环保行为的主观意愿。根据情感事件理论，本研究将环保激情作为一种积极情感反应，责任型领导不仅通过理性认知（建设性责任感知）来影响环保组织公民行为，也会通过感性情感（环保激情）激发员工从事环保组织公民行为。

环保组织公民行为作为一种主动性行为必然受到动机的影响，根据自我决定理论，责任型领导可以通过影响员工动机来影响员工环保组织公民行为。一方面，责任型领导在管理中注重与员工平等交流，协商有关工作问题，尊重员工，这有助于提升员工的内在动机；另一方面，责任型领导会通过口头表扬、代表组织奖励员工等方式激发员工的外在动机。因此，责任型领导通过激发员工动机促进主动性行为的产生，这也扩展了自我决定理论在领导力与员工主动环保行为之间的研究。

总之，本研究从认知、情感与动机三种机制来探究责任型领导如何影响员工环保组织公民行为，这可以更全面地分析责任型领导对员工心理的作用机理，并且拓展了有关建设性责任感知与环保激情的作用研究。

（二）实践意义

由于经济全球化步伐加快，企业所处的环境变得更为复杂，企业领导者在管理中面临越来越多的挑战，诸如多样化、利益相关者要求、伦理决策等（Pless，2007），因此，领导者的企业社会责任压力增大，责任型领导风格在组织与社会中的作用日益突出，探究责任型领导如何促进员工从事环保行为具有重要意义。

第一，为企业制定员工环保行为激励政策提供借鉴。在组织中，领导行为不论对于组织的发展还是员工的行为塑造都具有重要意义，领导者在与下属的互动中会潜移默化影响员工的态度、情感与行为。本研究提出责任型领导是影响员工环保组织公民行为的重要因素，这对于让员工参与到组织的环境管理系统中来有重要的价值。组织的环境管理战略可以通过责任型领导传递给员工，激发员工的环保情感，改变员工的环保态度与价值观，从而促进行为的改变。在组织中，环境管理政策与措施的具体实施需要充分发挥员工的主动性和积极性。本研究认为责任型领导可以激活员工的责任感与环保激情，从而主动实施环保行为。因此，组织需要更多提倡责任型领导行为，为责任型领导行为提供必要的支持，通过责任型领导力来激发员工的环保主动行为，为提高组织的环境管理绩效提供保障。

第二，为企业制定提高环境管理绩效的人力资源管理政策提供参考。组织战略的实施离不开人力资源管理实践，伦威克等（Renwick et al.，2008）认为绿色人力资源管理是指与企业环境管理目标相关的一系列人力资源管理职能活动（员工招聘、培训、绩效管理、薪酬管理等）。综合组织环境管理目标离不开绿色人力资源管理实践的支持，本研究认为绿色人力资源管理实践可以为员工实施环保组织公民行为提供一种支持情境，这种对环保的组织支持有助于员工实施环保组织公民行为。尽管责任型领导可以激发员工的责任感，从而促进员工实施环保组织公民行为，但是员工从事环保行为也需要各种条件和能力，比如具备环保知识等。在绿色人力资源管理这种组织支持下，员工不但愿意而且能够实施环保组织公民行为。因此，组织应重视绿色人力资源管理实践，为员工实施环保行为提供支持。

第三，为企业激发员工环保心理改变提供理论支持。责任型领导可以激发员工的环保态度与情感。本研究将建设性责任感知与环保激情作为激活员工主动环保行为的心理机制，因此，在组织管理中责任型领导需要从两种途径来提高员工的环保组织公民行为。当组织制定相关政策时，需要考虑如何激活员工的认知与情感心理机制，充分发挥这两种心理机制的作用，以便促进员工实施环保组织公民行为，为组织环境管理目标的实现提供强有力的支持。

第二节　责任型领导与员工环保行为

一、利益相关者理论

传统的企业理论认为，企业应当以股东利益最大化为目标，但是随着社会和科技的进步，资本的作用受到了诸多限制，片面追逐股东利益的最大化给企业和社会带来了一些问题。为了解决这些问题，弗里曼（Free-man）在 1984 年出版了著作《战略管理：利益相关者方法》，他将利益相关者定义为"任何受到企业影响或对企业产生影响的个人和群体"在相关学者的推动下，利益相关者理论逐渐发展起来，并运用到其他相关领域。

利益相关者理论的主要观点包括：企业由股东和员工等众多利益相关者构成，企业不仅要追求股东利益最大化，同时也需要考虑其他利益相关者的利益；企业赖以生存和发展的各种资源来源于各利益相关者的投入；各利益相关者应该根据贡献分享企业剩余控制权和索取权（Jawahar，2001）；企业的生产管理是由各利益相关者共同参与的结果，同时也会承担相应的风险，因此企业的管理决策需要考虑各利益相关者的利益（Blair，1995）；不同利益相关者有着不同的利益诉求，并且重要性也可能不同，各利益相关者对利益要求的程度同样也会影响企业的经营与发展（Rowley，1997）；利益相关者理论研究的首要问题就是需要确认利益相关者。如果无法对不同利益相关者进行界定，那么就无法进一步探讨利益相关者的利益，并管理利益相关者。尽管国内外众多学者都从不同角度对利益相关者进行过界定，但还无法取得一致的意见。弗里曼（Freeman，1984）将社区、政府、媒体等受到企业生产经营行为影响的个人和组织纳入利益相关者范围内，这种界定方法比较宽泛，这一划分也得到了学术界的认可。国内学者刘美玉（2010）也对利益相关者进行了界定，认为利益相关者是在企业的经营过程中具有相互关系的个人或组织，他们以契约关系为基础，期望获取利益，并承担相应的经营风险。当企业确认了利益相关者之后，就要进行利益相关者沟通和共建活动，了解利益相关者关注的重要问题，考虑如何通过与利益相关者互动创造价值。为了创造最大利益相关者价值，那些重要问题应当被当作具体指标，测量企业在对待这些问题上利益相关者所达到的满意度（Miehael，2002）。

总之，利益相关者理论首先明确利益相关者的范围以及层次，然后对利益相关者的利益关注点进行分析，在此基础上，企业与利益相关者一起协商与沟通，实现利益相关者价值最大化。责任型领导作为一种新兴的领导风格，不仅关注企业内部利益相关者（如员工）的利益，同时责任型领导也关注供应商、社区、政府等外部利益相关者的利益，因此利益相关者理论可以作为责任型领导发挥作用的理论基础。首先，领导作为对企业影响最重要的因素之一，其领导风格对企业环境绩效具有重要作用。根据利益相关者理论，企业需要关注环境这一重要利益，责任型领导者需要考虑企业在采购、生产和销售等环节的环境影响，不仅会关注企业内部利益，更重要的是会考虑供应商、销售商、政府、社区等利益相关者的利益，还会与利益相关者一起考虑企业行为对环境的影响，因此将环境作为一种重要的利益相关者，责任型领导通过发挥领导力影响员工环保认知、情感、动机和行为，从而提高企业环境绩效。

二、企业社会责任理论

20 世纪中期，有关企业是否应当承担社会责任的话题引起了广泛关注。弗里德曼（Friedman，1970）认为企业只需要承担经济责任，只应该考虑为股东创造最大经济利益，不应该考虑其他利益相关者的价值。相反，利益相关者理论认为企业不仅应该考虑股东利益，还应该考虑更为广泛的利益相关者利益（Mitchell and Wood，1997）。企业通过承担社会责任可以获得利益相关者的认同与支持，降低运营成本，提高竞争力（Miehael，2002）。利益相关者理论为企业承担社会责任提供了有效的理论基础，解决了企业为什么要承担社会责任的问题；企业需要承担社会责任已经成为一种普遍共识，那么企业究竟应该承担哪些社会责任呢？卡罗尔（Carroll，1979）认为，企业社会责任主要有经济、法律、道德和慈善责任，在此基础上构建企业社会责任金字塔模型。利益相关者理论认为企业社会责任的对象就是各利益相关者，因此企业社会责任就是对股东、员工、政府、供应商、消费者、社区等的责任（陈宏辉和贾生华，2003）。从广义的角度来看，企业社会责任包括社会责任、经济责任和环境责任，目的是追求利益相关者价值的最大化。在确定企业应该承担什么责任，以及对谁承担责任的基础上，就应该考虑企业应该如何承担社会责任。社会绩效评估被用来评价企业所承担社会责任的程度。社会影响、责任分类、利益相关者响应和组织执行这四个维度可以用作定性评估的手段（Wood，1991）。利益相关者理论被提出后，企业社会责任的实现本质上就是通过管理利益相关者，使利益相关者价值最大化，并最终实现企业经济、社会与环境责任。

目前，企业社会责任正在经历从企业视角切换到个体视角的探索，更多的学术与实践关注转向了个体，如何让员工尤其是管理者变得更负责任？通过负责任的管理者在计划、组织、领导和控制的管理职能中融入责任管理，在他们有能力的范围内实施变革，其目的是实现企业的社会绩效，促进企业社会责任的实现。在管理的职能中，领导已经变得越来越重要，责任型领导力被认为是推动企业履行社会责任的重要力量。责任管理者不仅推动企业文化转向关注利益相关者文化，同时也积极影响企业的人力资源管理实践，将责任管理与人力资源管理协同，形成责任人力资源管理，通过员工招聘、培训与发展、绩效管理、薪酬福利与员工健康、员工关系与沟通方面模块来提升企业责任绩效。因此责任型领导通过与员工的互动来履行企业的经济、社会和环境责任。

四、责任型领导与员工环保组织公民行为的关系

个体行为在很大程度上受到其态度与认知的影响，一些学者从不同方面对诱发环保组织公民行为的个体因素进行了研究。员工的一般环保态度会影响其环保组织公民行为，当员工具有较高水平的环保意识时，一方面，员工倾向于主动实施环保行为，另一方面，组织可以花较少的成本去激励员工以提升环境管理绩效。另外，戴利等（Daily et al.，2009）的研究指出，员工对组织的情感忠诚会影响环保组织公民行为。拉姆（Lamm，2013）的研究进一步证实当对组织展示出忠诚的员工得到组织支持时，他会主动表现出更多的环保组织公民行为。除了员工的态度，一些知觉与情感因素也会影响员工从事环保组织公民行为，比如，责任感与积极情绪、员工的组织支持感、员工环保自我担当。

在影响员工行为的众多变量中，组织情境是一个重要的因素。环保组

织公民行为是员工在组织中表现出来的一种主动环保行为，这种行为也必定受到组织情境的影响，戴利等（Daily et al.，2009）研究认为，组织环保支持在员工的组织情感忠诚与环保组织公民行为的关系中发挥调节作用，当组织对环保支持较高，忠诚的员工更愿意实施环保组织公民行为。有研究发现，当组织的管理实践与组织战略人力资源匹配时，员工会更积极践行组织环保措施，帮助实现组织环保绩效目标。领导风格是一种重要的组织情境，领导通过与员工的互动，言传身教地影响员工的态度、情感、价值观和行为。辱虐管理作为一种负向领导行为对员工的环保组织公民行为有负面影响，环保变革型领导通过环保工作投入与环保工作倦怠影响员工的环保组织公民行为。另外有研究显示，伦理型领导通过与员工互动，向员工树立道德模范，激发员工的环保自我担当，进一步促进员工实施环保组织公民行为。

员工的环保组织公民行为作为一种角色外行为，其根本目的在于通过提升企业的环保绩效来改善社会生态环境，因此探讨领导行为对员工环保行为的影响时，需要考虑各种利益相关者的作用，而责任型领导恰恰就是一种关注企业和其他利益相关者群体利益的领导行为。责任型领导将领导力和社会责任相结合，考虑企业员工在内的众多利益相关者利益，力图将经济效益、社会效益和生态效益结合起来，这与员工环保组织公民行为的思想不谋而合。责任型领导关注员工在内的众多利益相关者利益，一方面，体现了一种规范性道德行为，比如关注员工健康、社区环保和慈善等，通过这些行为为员工树立道德榜样，促使员工关注企业环境管理，从而激发员工实施更多环保组织公民行为；另一方面，领导者会为了维护企业利益避免被惩罚，比如保证食品安全、抵制腐败行为、环保违法处罚等。

责任型领导关注组织内外更广泛的利益相关者利益，积极履行社会责任，有助于提高员工社会责任感，促进员工主动参加社会责任活动，从而提升员工环保组织公民行为。同时责任型领导关注员工利益，领导行为不仅会影响员工的认知，提升员工的建设性责任感知，而且可能影响员工的情绪状态。因为员工与领导的互动最为频繁，因此领导行为会形成一种工作氛围，责任型领导将员工视为重要的利益相关者，并关注组织的雇佣制度是否符合伦理标准，塑造平等、安全的工作环境，同时注重下属的职业生涯规划与发展、工作与家庭的平衡。这些领导实践会让员工在工作中获得自主、公平以及领导者的资源支持，从而产生积极情绪，相关研究证实了这些因素会促进员工的积极情绪。当员工感知到较高水平的积极情绪时，更可能实施更多的亲社会行为与利他行为，环保组织公民行为就属于一种亲社会与利他行为，因此，责任型领导有助于员工积极情绪的提高，从而进一步促进员工环保组织公民行为。

首先，责任型领导通过其激发和激励成员的方式，对组织公民环保行为产生积极影响。责任型领导强调共同的愿景和价值观，通过与员工建立深厚的感情，激发员工对环保事业的认同感。这种领导风格有助于树立环保目标，使员工认识到他们个人的努力与组织的整体目标相一致。责任型领导通过积极沟通和榜样效应，传递出对环保的关切，从而促使组织成员更积极地参与环保行为。

其次，责任型领导通过激发员工的创新和解决问题的能力，推动组织在环保方面的发展。这种领导风格倡导鼓励成员提出新的想法和方法，以解决环保挑战。责任型领导者常常激发团队成员的创造性思维，使他们更有可能在环保实践中发现创新的解决方案。这种创新精神有助于组织更加灵活地适应变化，提高其在环保领域的可持续性。

再次，责任型领导通过塑造组织文化，强调环保价值观，对组织公民环保行为产生深远的影响。领导者在塑造组织文化方面发挥着关键作用，他们的信念和行为对组织成员产生示范效应。当责任型领导者将环保价值纳入组织文化时，组织成员更有可能将环保作为自己的责任，并在日常工作和生活中实施相应的环保行为。这种文化的建立促使环保不再仅仅是一项任务，而是组织的一部分，成为每个成员的责任。

最后，责任型领导还通过建立学习型组织的机制，促进组织成员在环保方面的知识积累和能力提升。学习型组织注重员工的终身学习和发展，责任型领导通过鼓励员工参与培训、研讨会以及分享环保经验的机制，使组织成员能够不断提升在环保领域的专业知识和技能。这有助于提高组织成员在环保实践中的效能，推动组织更积极地参与和引领环保行动。责任型领导对组织公民环保行为的影响不仅在组织层面有所体现，同时也对社会可持续发展产生积极作用。随着环保问题的日益突出，组织的环保行为对整个社会的可持续性至关重要。责任型领导的影响使组织更有可能成为社会的领导者，引领并推动社会在环保方面的发展。这种领导风格鼓励组织成员践行社会责任，促进整个社会形成良性循环，推动环保理念深入人心，促进社会在可持续发展方面取得更为显著的成果。

综上所述，责任型领导通过激发员工的内在动力、推动创新和问题解决能力的发展，以及通过塑造组织文化和建立学习型组织的机制，对组织公民环保行为产生深远的影响。这种影响不仅有助于组织在环保领域取得更为显著的成果，同时也对社会的可持续发展产生积极作用。责任型领导的理念和实践为推动组织和社会在环保方面取得更大的成功提供了有力的支持。

第三节　研究内容与方法

一、研究内容

本书首先梳理了责任型领导与环保组织公民行为的相关研究；其次，基于自我决定理论、社会认知理论和情感事件理论，探讨了责任型领导与环保组织公民行为之间的作用机制，并对责任型领导与员工环保组织公民行为的研究结论进行了分析与讨论；最后，本书对如何提高员工环保组织公民行为提出了管理建议，并提出了中国情境下责任型领导研究的新议题。本研究的主要内容包括：

（1）探讨责任型领导对环保组织公民行为的影响。本研究在文献梳理的基础上，对责任型领导的含义、结构维度和前因及后果进行了全面的分析和总结。通过分析发现，有关责任型领导的研究还处于初步发展阶段，有关责任型领导的内涵和结构维度还存在不同意见，特别是对于责任型领导如何发生作用还需要进一步深入研究，比如责任型领导如何影响员工的主动行为，通过哪些心理机制影响员工的态度与行为等。根据利益相关者理论，责任型领导将员工与环境视作重要的利益相关者，通过发挥领导力的作用影响员工环保组织公民行为，从而提高企业环境绩效。另外，责任型领导关注社会、经济与环境责任，主动承担社会责任，为员工树立良好的榜样，潜移默化地影响员工的态度和行为。

（2）探究环保动机、建设性责任感知与环保激情在责任型领导和环保组织公民行为之间的作用。领导行为作为组织非常重要的管理手段，在影响员工态度与行为方面具有重要作用。本研究不仅分析了领导行为对员工主动行为的直接作用，同时也分析了领导行为对员工心理机制的影响。根据自我决定理论，责任型领导可以提高员工内在动机和外在动机，从而促进员工从事环保组织公民行为。依据社会交换理论，责任型领导为员工提供各种资源支持，员工为了回馈领导和组织会提高对组织的责任感，从而促进主动行为产生；根据情感事件理论，特定的工作事件会激发个体的情感反应，从而促进个体态度和行为的改变，责任型领导在与员工的互动中形成各种工作事件，这种工作事件会促进员工产生更高积极情绪（环保激情），从而促进员工实施更多的环保行为。本研究主要探究建设性责任感知和环保激情在责任型领导与员工环保组织公民行为之间的中介作用。

（3）提出提高员工环保组织公民行为管理建议。本研究在对现有研究梳理的基础上，提出责任型领导对环保组织公民行为的影响机制模型，通过实证分析探究了变量之间的关系、作用路径等，并对这些关系的原因进行了分析。在对实证研究结论分析的基础上，本研究认为要实现组织的环保目标，需要充分调动员工的环保主动行为，而员工环保主动行为不仅有赖于自身的个性特征，也有赖于组织情境，特别是领导行为与人力资源管理策略。

基于以上研究内容，本书的章节安排如下：

第一章，导论。本部分首先从现实与理论背景出发，提出本研究的核心问题：责任型领导如何影响员工环保组织公民行为；然后对研究的理论意义和实践意义进行了分析，并探讨了可持续发展背景下领导的作用，简述了本研究的基本内容和方法。

第二章，责任型领导综述。本部分首先阐述了责任型的内涵，其次区分了责任型领导与其他领导风格的异同，再次，介绍了责任型领导的影响因素及其结果，最后对责任型领导的相关研究进行了述评。

第三章，环保组织公民行为综述。本部分首先阐述环保组织公民行为的概念与结构，其次分析了环保组织公民行为与其他相关概念的异同，再次，从员工态度、知觉、行为以及组合层面分析了影响环保组织公民行为的因素，最后介绍了环保组织公民行为的影响结果。

第四章，责任型领导与员工环保组织公民行为：基于自我决定理论视角。本部分主要首先阐述了研究问题是如何提出的，其次通过对自我决定理论的介绍，对责任型领导通过内在动机和外在动机影响员工环保组织公民行为进行了理论假设，再次，通过问卷调查收集数据对研究假设进行了验证，最后阐述了研究意义与未来展望。

第五章，责任型领导与员工环保组织公民行为：基于社会认知和社会交换的视角。本部分首先阐述了研究问题，其次阐述了社会认知理论和社会交换理论，并对责任型领导、建设性责任感知、上下级关系与员工环保组织公民行为的关系进行了假设，再次，采用问卷调查方法收集员工数据样本对研究假设进行了检验，最后总结了理论意义，并提出管理建议。

第六章，责任型领导与员工环保组织公民行为：基于情感事件理论视角。本章首先基于研究现实，提出了研究问题，其次介绍了情感事件系统理论，基于情感事件系统理论，对责任型领导通过环保激情来影响员工环保组织公民行为进行了假设，再次，采用问卷调查方法收集相关数据验证了研究假设，最后阐述了研究意义和管理启示，并提出了研究局限性与研究展望。

第七章，责任型领导与员工环保组织公民行为关系的研究结论与讨论。本部分首先对实证研究结果进行了总结和讨论，其次对组织的环境管理政策提出了相关建议。

第八章，责任型领导与员工环保组织公民行为关系管理建议与中国议题。本部分基于责任型领导与员工环保组织公民行为关系实证研究结论，从管理者、员工和企业三个层面提出了促进员工环保组织公民行为的管理建议，以及在中国情境下，责任型领导研究的新议题。

二、研究方法

科学研究的过程需要有逻辑，也需要有数据支持。本书在相关文献回顾的基础上通过逻辑推理构建理论模型并提出相关假设，然后以实证研究的方法对相关假设进行验证，从而得出研究结论。

（一）文献研究法

本研究首先收集大量的国内外顶级期刊相关文献，其次对文献进行研读与梳理，在此基础上，对责任型领导、建设性责任感知、环保激情、环保组织公民行为相关研究进行系统分析，了解其主要思想与观点。同时，对社会交换理论、情感事件理论与自我决定理论的主要研究进行分析与总结，掌握它们的核心思想与观点。最后，通过研读、梳理相关文献，以相关理论为基础，采用逻辑推演方法构建理论模型，并提出相关研究假设。

（二）问卷调查法

本研究在现场访谈的基础上，设计具有较高信度和效度的问卷调查量表，采用随机抽样的方法，对江苏省和安徽省相关企业员工实施大样本问卷调查，收集责任型领导、建设性责任感知、上下级关系、环保激情、员工内在动机、外在动机与员工环保组织公民行为的原始数据。

（三）统计分析法

本研究以 SPSS 和 AMOS 统计软件为分析工具，对实证调查结果进行描述性统计分析、因子分析、相关分析、多元回归分析、结构方程模型分析，刻画责任型领导、建设性责任感知、上下级关系、环保激情、内在动机、外在动机与员工环保组织公民行为的统计特征，深入揭示责任型领导对员工环保组织公民行为的作用机制。

第二章 责任型领导综述

[本章导读]

　　本章主要围绕责任型领导的概念、结构与测量、前因及后果展开文献综述，为后续的研究打下良好的基础。通过本章的综述，读者会对责任型领导有一个系统的认识，对其在当下商业环境下的重要性有一定的理解。与此同时，本章也阐述了责任型领导与其他领导风格的异同点，深入剖析责任型领导理论产生的背景。

　　随着经济全球化的深入，金融危机、社会不平等、恐怖主义的全球性蔓延以及环境保护等问题突出。这些问题都无法依靠单纯政府来解决，需要企业承担一些社会责任。与此同时，在经济全球化的影响下，许多商业公司已经超越了国家和文化的边界，选择去不同的国家和地区创造雇佣关系和盈利机会。在此过程中，企业、消费者、供应商和社区人员等会因为文化和语言等产生障碍，而现有的领导风格还将目光聚集在企业内部，试图通过对组织进行改革来缓解所面临的问题。然而，在全球化的今天，局部的改革根本无法彻底解决企业拓展海外业务所遇到的困难。

　　中国经历了40多年的改革开放，人民的生活水平得到了极大的提高，居民收入大幅增长。在改革取得巨大成就的同时，我们也要关注到企业日益突出的诚信问题。个别企业和个体商业户为了追求利润最大化，采取虚假宣传、售卖假冒伪劣商品等方式来赚取丰厚的利润。商家的不道德行为扰乱了市场秩序，给社会造成十分恶劣的影响。除此以外，中国目前正对传统制造业进行转型升级，在改革开放初期，为了加快实现工业化，我国选择牺牲环境为代价大力发展制造业，其中最为典型的是东北老工业基地。随着改革的深入，环境日益恶化，生物多样性遭遇严重危机。为了保护环境，保护人类共同生存的家园，我国开始对制造业进行转型升级，改造或清除高污染企业。企业的改造和升级需要社会各方共同参与。对企业领导者来说，需要改变自身的经营方式和理念，加大资源投入，这会在短期内影响企业利润，无法满足企业利润最大化的需求。因此，如何转变思路来应对环境危机仍然困扰着当下中国企业领导者。与此相类似，在西方社会中，"安然事件"等知名企业的伦理丑闻以及美国"两房"公司的倒闭也折射出经济全球化过程中的伦理问题。

第一节 责任型领导的内涵

企业丑闻和商业道德行为的频发，使得传统的领导力失去公信力，人们呼吁领导者的责任和道德行为。在此背景下，责任型领导应运而生。责任型领导是一个综合性概念，它将领导力和社会责任两个看似不相关的研究领域融合在一起，也是对近年来商业道德丑闻的一个有力回应。责任型领导的概念经历了三种研究视角的变迁，即从关系视角到过程视角再到行为视角。首先，从关系视角来看，在第六十五届美国管理学年会上，普莱斯和马克（Pless and Maak，2005）首次提出责任型领导的概念，他们将责任型领导定义为"一种与组织内外的利益相关者建立、培养和维持相互信任关系的艺术和能力以及共同协作的责任行为，其目的是实现具有共享意义的商业愿景"，即领导者与不同利益相关者之间建立信任关系。次年，普莱斯和马克（2006）引入伦理学的观点，认为这种关系应该是合乎伦理和道德规范的，并且可以帮助利益相关者在同一个目标下形成高水平的动机和承诺，最终实现企业、环境和社会的可持续发展。遗憾的是，关系视角下的责任型领导并没有提及如何建立这种信任关系或者伦理关系。为了弥补关系视角下的缺陷，福格林（Voegtlin，2011）基于过程视角提出责任型领导概念，认为责任型领导是通过平等对话与民主协商的方式来化解各方的利益冲突，并与利益相关者建立互利共赢关系的领导过程。除此以外，国内学者宋继文（2009）也基于过程视角对责任型领导定义，他认为责任型领导是指通过对社会责任的积极履行，与组织内外不同的利益相关者达成互信、合作、稳定的互惠关系网，通过满足各方利益相关者的要求，以共享的愿景和协调各方的责任型行为来实现企业可持续发展及各方共同利益的领导行为。过程视角虽然清晰地阐明了责任型领导与利益相关者建立关系的过程，但对于责任型领导的行为特征却没有作出更为具体的阐述。为此，斯塔尔和马克（Stahl and Maak，2014）基于行为视角来界定责任型领导。他们认为，责任型领导起源于两种责任行为，包括行善和避害。行善行为体现了领导者的规范性道德，如热心公益、关爱员工等；避害行为则体现了禁止性道德，如反对腐败、质量保证和禁止歧视等。马克（Maak，2016）将责任型领导划分为工具型行为和整合型行为。前者将负责范围局限于少部分利益相关者，最终的目的是实现组织利益最大化；后者将负责范围拓展到所有合法利益相关者，其首要目标就是提升组织的社会价值。福格林等（Voegtlin et al.，2020）基于利益相关者理论和行为复杂性理论，将责任型领导定义为领导者以完成组织任务、员工需求和社会需求为导向的领导行为。

综合来看，目前关于责任型领导还没有统一的定义，且国内的研究滞后于国外的研究，但是大部分责任型领导都包含有效性、伦理性和可持续三个要素，并且都强调领导者应关注组织内外部利益相关者的利益、关注企业社会责任和商业伦理，以实现组织长远发展。

第二节　责任型领导与其他领导风格的区别与联系

现有研究将责任型领导与伦理型领导、服务型领导、真实型领导、变革型领导概念进行异同点的分析，具体如表 2 - 1 所示。

表 2 – 1   责任型领导与其他领导概念的异同

领导类型	与责任型领导的相似之处	与责任型领导的不同之处
伦理型领导	强调领导者是员工学习的榜样，要按照道德标准行事，确保工作场所的道德和亲社会行为	伦理型领导：采用奖励和惩罚的方式来影响下属；领导 – 追随者关系存在于领导与下属之间；影响组织微观层面效果
		责任型领导：强调依靠个人影响力影响下属；领导 – 追随者的关系广泛存在于领导者与利益相关者之间；影响组织多层次结果
服务型领导	领导者的任务就是满足他人的需求和合法利益	服务型领导：强调服务和奉献精神，在某些特殊情境下可以牺牲自我利益
		责任型领导：核心动机不是服务他人，而是回应他人的利益和需求
真实型领导	包含道德成分，主张与追随者建立相互信任的良好关系	真实型领导：领导 – 追随者关系存在于领导者与下属之间；强调自我意识，不屈服于外部压力
		责任型领导：领导 – 追随者的关系广泛存在于领导者与利益相关者之间；基于自我意识考虑他人情感和价值，对个人的影响更为深远
变革型领导	基于自己的价值观念和道德标准来积极地影响和改变追随者的道德动机；关心下属需求	变革型领导：领导 – 追随者关系存在于领导者与下属之间；影响下属带有极强的功利性
		责任型领导：领导 – 追随者的关系广泛存在于领导者与利益相关者之间；不仅关注员工的职业成长，也关注员工的生活

资料来源：作者依据相关文献整理。

一、伦 理 型 领 导

布朗等（Brown et al. , 2005）将道德型领导定义为"在个人活动或者人际交往中表现出适当的、合乎规范的行为，并通过双向沟通、强化和决策向追随者推广此类行为"。责任型领导与伦理型领导都强调领导者是员工学习的榜样，要按照道德标准行事，确保工作场所的道德和亲社会行为。它们不同点包括以下三个方面：首先，伦理型领导通过设置一些道德标准，采用奖励和惩罚的方式来影响下属，而责任型领导则更多的是依赖个人影响力使不同的利益相关者汇聚在一起，权衡不同利益相关者的需求，通过协商一致达成解决方案。责任型领导不会采取奖励和惩罚的方式来影响员工；其次，从关系角度来看，伦理型领导概念仍然局限于传统的领导者—下属二元关系，而责任型领导则摆脱传统的二元关系，强调下属是组织利益相关者的一方；最后，伦理型领导一般解释微观层面的个体结果，如员工工作满意度和奉献精神，而责任型领导则关注多层次结果，包括企业成长绩效、社区环境、社会资本等。

总而言之，伦理型领导和责任型领导之间的主要概念差异源于它们不同的范式观点：伦理型领导关注组织中领导者的指导，以及领导者如何利用这种指导来提高其效率；责任型领导将有效性视为一种结果，但主要寻求捕捉领导者—利益相关者项目的关系性质及其对责任问题的影响。反过来，他承认道德与效率之间潜在的紧张关系，并谨慎地利用道德作为提高领导者效率的工具。

二、服务型领导

服务型领导是"那些把他人的需求和利益放在自我利益之上且首要动机是服务他人而不是领导、控制他人的领导者"（Greenleaf，1997）。责任型领导与服务型领导都认为，领导者的任务就是满足他人的需求和合法利益。两者最大的区别在于服务型领导是"自我牺牲的仆人"，只是为了服务追随者和发展自己的利益。责任型领导则强调服务应该与组织目标相关联，旨在满足整个企业和社会利益相关者的需求。因此，责任型领导的核心动机不是服务他人，而是回应他人的利益和需求，包括外部利益相关者和整个社会的利益和需求。此外，相比较于服务型领导，责任型领导将追随者理解为组织内外的利益相关者，而不仅仅是工作场所的追随者。服务型领导服务他人是取决于自身的内在动机，而责任型领导满足他人的需求和利益不一定是由内在动机驱动的，也有可能是价值观，或者它可能仅仅认为服务他人是一件正确的事情。

三、真实型领导

真实型领导是"一个从积极的心理能力和高度发达的组织环境中汲取灵感的过程"。尽管真实型领导是一个多层次结构，但其主要集中在个人层面上。自我意识是价值观和意图与行动保持一致的自我调节过程以及积极的心理状态，是真实型领导能够影响、激励和发展追随者的重要机制。真实型领导会展示自己的坦率和正直，并以一种真我的方式行事，主张与员工建立亲密、互信、和谐和信任的关系，以激发员工的组织承诺。责任型领导与真实型领导都包含道德成分，主张与追随者建立相互信任的良好关系，但是两者依然存在明显差别：首先，真实型领导在自我意识的影响下向他人展示真实的自己，进行自我剖析。而责任型领导则是在自我意识的基础上关注他人的情绪和价值观，积极地反思自己的情感与价值的妥善性，并与社会标准作比较（Pless and Maak，2011）；其次，真实型领导在作出决策时，不会屈服于外部压力，而是根据道德标准和内化的价值观，与追随者建立信任、友好的关系以推动组织的发展。责任型领导则是通过自己积极的心理资本来影响组织内外的利益相关者，以推动组织绩效的提高；最后，虽然真实型领导和责任型领导都能实现积极的组织成果，但责任型领导超越了传统的经济成果变量，它还提出领导力包括商业和社会利益相关者对价值和社会资本的贡献，因此最终促进积极的社会变革。

四、变革型领导

变革型领导会激发追随者的积极性，从而更好地实现领导者和追随者的目标（Burns，1978）。责任型领导与变革型领导在角色规范、个性化关怀、智力激发等方面有相似之处。两者都基于自己的价值观念和道德标准来积极地影响和改变追随者的道德动机，并且关心下属需求。它们之间的区别在于：首先，就追随者的定义而言，相比于变革型领导，责任型领导摆脱了传统领导与下属之间的二元关系，将追随者视为组织的外部利益相关者；其次，变革型领导影响追随者是为了提高绩效和实现组织目标的功利性目的。而责任型领导是为不同利益相关者服务，并动员他们参与和支持组织和社会层面更高的目标；再次，相比于变革型领导，责任型领导不太关注个人特征，他们倾向基于包容、协作和不同利益相关者相互合作的关系型领导方法。马克和普莱斯（2006）指出，在利益相关者互动更为广泛的领导力背景下，责任型领导成为不同利益相关者之间关系的协调者和培养者；最后，变革型领导虽然也会关注员工的成长和职业发展需求，但是会表现出极强的功利性，在一定程度上会对组织不利。而责任性领导在实现目标的过程中，对员工的关怀更加细致入微，不仅关注员工的职业成长需要，而且关注员工的生活。

综上所述，传统的领导风格都将领导力理解为个人层面的现象，并认为个人的特征和风格会影响领导力的有效性。上述领导风格存在一些相似的特征：除了以价值观为中心的一般思想外，角色塑造是积极领导的重要组成部分，强调领导的内在动机，也将道德理解为领导力的内在组成部分。然而，除了责任型领导之外，这些领导力都没有考虑社会和自然环境，或者将广泛的追随者定义为组织的外部利益相关者。马克和普莱斯（2006）强调，利益相关者关系网络中的领导不仅会带来新的角色和责任，而且会创造一种新的社会对领导力的看法，在这种观念中，领导者是与组织内外不同支持者关系的协调者和培养者。也就是说，我们需要将领导力重新思考为利益相关者关系网络的领导力。

第三节　责任型领导的测量

责任型领导概念的界定经历了从关系视角到过程视角的转变，其测量方式也经历了从关系视角到过程视角的转变。就关系视角来看，最早可追溯到 1998 年泰瑞（Tyree）编制的社会责任型问卷，量表包括自我意识、言行一致、承诺集体、共同目标、合作意识、文明争论、公民行为和变革创新 8 个维度。该量表的研究对象是大学生，忽视了组织情境。杜根

（Dugan，2006）从责任型领导的定义和概念出发，概括出责任型领导的 8 个特征，包括一致性、变化性、目的性、忠诚性、竞争性、意识性、角色性、合作性，并最终形成 68 个题项组成的问卷。然而，该问卷也主要用于高校领导力的培训，并不适用于企业领导者，具有一定的局限性。海因德等（Hind et al.，2009）以一些欧洲领导者为对象，提炼出责任型领导的 7 个维度，分别为正直、开明、前瞻、道德、关怀、沟通和负责，并开发了包含 30 个题项的量表。该量表没有将责任型领导与相关领导概念进行区分，也没有进行量表的信度与效度检验。就过程视角来看，福格林（2011）采用严格心理学构念的开发程序，开发了责任型领导的单维度量表，一共 5 个题项。他发现该量表测量的责任型领导与伦理型领导和变革型领导正相关，但三者之间仍然具有一定的区分度，表明责任型领导与伦理型领导和变革型领导之间存在联系与区别。福格林开发的 5 个题项的量表在不同情境下都得到了广泛的使用（文鹏等，2016）。尽管如此，该量表仍存在问题，题项中没有关于组织利益相关者的详细解释，对于测试群体而言，每个人对于利益相关者的理解可能存在差异，进而导致测量误差。此外，单维度量表未必能涵盖责任型领导的所有内容，这一点得到福格林本人的认同，其建议今后的量表开发在此基础上拓展责任型领导的内涵。

相较于国外的研究，国内关于责任型量表的开发起步稍晚。陆杨华（2012）基于国外学者开发的问卷，在国内首次设计了责任型领导的多维度量表，包含诚信道德、积极的公民行为、开放沟通和关怀指导 4 个维度，一共 20 个题项。遗憾的是，这篇文献是硕士学位论文，并没有获得更高级别期刊和外部专家的认可。郭亿馨和苏勇（2017）通过扎根理论的方法归纳责任型领导行为的特征和构念维度，开发了包括利益平衡和自我提升两个维度以及包含包容接纳、知人善任和社会责任等 11 个要素的量表，一共 11 个题项。姚春序等（2020）运用扎根理论，通过分析 41 家中国企业最新发布的社会责任报告，探索了责任型领导包含关系构建、关系治理和共享导向的 3 维度结构，但并未开发出量表。程雪莲等（2021）基于中国情境，通过演绎和归纳相结合的方式开发了一个包含修己安人、社会情怀、长期战略取向和互动决策 4 个维度的量表，该量表一共 17 个题项。他们将中国特有的文化情境引入责任型领导的内涵中，构建一个中国化的责任型领导的概念，但是否能够得到专家们的认可，还需要在以后的研究中进一步考量。

综合来看，关于责任型领导的量表开发，国外走在前列，其中福格林开发的单维度 5 题项量表得到了广泛运用。国内关于责任型领导量表的开发还处于起步阶段，开发的量表并没有得到领域内专家的认可，已有量表的稳定性也有待检验。责任型领导量表开发现状如表 2 - 2 所示。

表 2 - 2　　　　　　　　　　责任型领导量表开发现状

代表作者	维度	题项个数	局限性
福格林（2011）	单维度	5	不能涵盖责任型领导的所有内容
郭亿馨和苏勇（2017）	利益平衡、自我提升	11	量表的有效性还有待检验
姚春序等（2020）	关系构建、关系治理、共享导向	无	未开发量表
程雪莲等（2021）	修己安人、社会情怀、长期战略取向、互动决策	17	量表的有效性还有待检验
陆杨华（2012）	诚信道德、积极的公民行为、开放沟通、关怀指导	20	没有获得更高级别期刊和外部专家的认可
海因德等（2009）	正直、开明、前瞻、道德、关怀、沟通、负责	30	量表没有进行信度和效度检验
泰瑞（1998）	自我意识、言行一致、承诺集体、共同目标、合作意识、文明争论、公民行为、变革创新	68	研究对象是大学生，不适合组织情境
杜根（2006）	一致性、变化性、目的性、忠诚性、竞争性、意识性、角色性、合作性	68	只适合高校培训，并不适合企业领导者

资料来源：作者依据相关文献整理。

第四节　责任型领导的前因变量

自责任型领导诞生以来，学者们对于责任型领导的形成机制进行了研究，具体可分为个人、组织和社会三个层面。

一、个人层面

（一）动机

领导者的动机能够对责任型领导行为产生重要影响。巴隆（Baron，2007）认为，动机是影响领导者社会责任决策的一个重要的预测指标。普莱斯（2007）以案例分析的方式对 The Body Shop 的领导者阿妮塔·罗迪克（Anita Roddik）在不同时期的领导行为进行大量的分析，研究发现伦理动机与个人的自我需要影响着领导者的社会责任行为。普莱斯（2012）对25 位商业领袖与企业家进行定性分析，根据责任取向的不同，将领导分为传统的经济利益追求者、机会寻求者、整合者和理想主义者，发现不同类型的领导者承担社会责任的动机也不同。

（二）能力

海因德等（2009）通过对企业高管的深入访谈，总结认为行动能力是影响责任型领导的重要预测因素之一。行为能力是在领导者智商与情商共同作用下形成的，也被称为自省能力，主要包括系统思维、包容多样化、权衡本地与全球的视角、有意义的对话、情感意识等。高行为能力的领导者更容易在复杂的环境中展示责任型领导风格。此外，有研究表明领导的跨文化能力也能影响领导实施责任型领导风格。米斯卡等（Miska et al.，2013）通过实证研究的方式发现，在当前全球化背景之下，处理跨国经营过程中利益相关者需求问题时，领导的跨文化能力是责任型领导必备的能力之一。跨文化能力主要包括认知管理、关系管理和自我管理。因此，具有高文化管理能力的领导者更有可能实施责任型领导行为。福格林等（2020）基于瑞士高管及其下属的样本数据分析发现，领导者的整合思维能力正向预测领导者的责任型领导行为。具体而言，拥有整合思维的领导者关注的是整体而不是部分，这种能力可以使领导者认识到不同利益相关者的期望并制定综合解决方案。马克（2016）认为认知复杂性是责任型领导的前因，而发现不同利益相关者之间的矛盾点并且平衡解决问题，不仅仅需要付出较高的认知努力，也需要领导者拥有整合思维能力。因此，拥有整合思维能力的领导者更能平衡不同利益相关者之间的需求，进而采取更多负责任的行为。

（三）学习经历

个人的学习经也被认为是责任型领导的一个重要预测因素。帕克和帕斯卡雷拉（Parker and Pascarella，2013）探究高校学生的多样性学习经历对其后续领导力形成的影响。基于多机构纵向研究数据发现，学生在大学中的非正式多样化学习经历有助于后期其责任型领导力的形成。在商业领域，普莱斯等（2011）探究了商业领导的学习经历与其负责任行为的关系。通过对参加国际领导人服务培训项目的领导者进行调查，发现领导者的国际服务学习经历（如在跨文化背景下与当地利益相关者的交流与合作、处理冲突等）有助于其形成负责任的心态、道德思维等。

（四）性格和价值观

克里利等（Crilly et al.，2008）通过对 5 个跨国公司 643 名中层管理人员的调查研究发现，领导者自我超越的价值观和积极情感能够有助于其实施负责任的行为。与此同时，领导者自我超越的价值观和积极情感会影响其推理的过程。普莱斯等（2012）认为，不同责任取向的领导者在处理利益相关者关系时会存在明显差异，而领导者的责任取向的差异实际上根源于个人的价值观和道德认同上的差异。斯塔尔和德卢克（Stahl and de Luque，2014）基于情景强度理论视角，解释了领导特质与情景因素如何交互影响责任型领导风格的形成。具体来说，外向性、责任性、开放性、宜人性、同理心、道德认知发展水平、道德理念和积极情感特质正向激发领导者实施责任型领导行为，神经质、马基雅维利主义、自恋和消极情感特质负向影响领导者实施责任型领导行为。组织文化、奖惩机制和社交媒体等情境因素在上述过程中起调节作用。福格林等（2020）研究发现，同理心、自我超越的价值观以及积极情绪能够正向预测责任型领导行为。

二、组织因素

（一）组织文化

组织文化在塑造人们行为方面起着非常重要的作用。领导者实施责任型行为的态度和取向可能因为文化背景的不同而产生差异。加尔布雷斯（Galbreath，2010）研究了澳大利亚的公司样本，发现公司文化影响了公司负责任地对待利益相关者的态度和取向，特别是人文主义文化对企业社会责任产生积极影响。张等（Zhang et al.，2022）将责任型领导行为分为积极主动负责任领导行为和被动的负责任领导行为，他们认为组织文化与责任型领导行为相辅相成。负责任领导在组织文化的影响下形成责任感，推动责任实践。反过来，责任型领导也会帮助企业形成人文主义文化。

（二）组织战略

组织战略在一定程度上影响了领导者的关注焦点。米斯卡等（2013）指出，全球性的责任型领导在处理不同的利益相关者需求时，通常遵循三种企业社会责任战略：全球标准化、本地适应和跨国。在采用全球标准化战略时，领导者优先考虑股东的需求；在采用因地制宜的战略时，领导者更多地考虑当地利益攸关方的需求；在采用跨国战略时，领导者关注双方的共同需求。冈德等（Gond et al.，2011）从人力资源功能、实践和关系贡献等维度讨论了人力资源管理与责任型领导行为之间的关系，研究发现人力资源管理对负责任的领导有积极影响。

三、社会因素

(一) 制度环境

制度环境也是影响领导者行为是否负责任或不负责任的重要因素。斯宾塞和戈麦斯 (Spencer and Gomez, 2011) 提出, 当领导者认为贿赂是公司所在国的习惯做法时, 他们很可能会参与其中。维特和斯塔尔 (Witt and Stahl, 2016) 比较分析了德国、中国香港、日本、韩国和美国, 发现这些国家和地区的高层管理人员对不同利益相关者的责任持有根本不同的信念, 这与制度因素密切相关: 自由市场经济的领导者更有可能考虑所有者/股东的需求, 而协调市场经济的领导者更有可能考虑更广泛的利益相关者的需求, 包括员工、客户和更广泛的社会。普雷扎和李 (Pureza and Lee, 2020) 基于制度逻辑视角, 结合制度力量的多个方面和多层次的分析, 确定了巴西企业中两种负责任的领导理念: 反动和声誉的自我导向理性、负责任和协作的系统导向理性。"自我导向"的理论与以利己主义价值观和短期思维特征为主的领导有关, 而"系统导向"的理论与以利他主义价值观和长期思维特征为主的领导有关。

(二) 大众媒体

大众媒体既指传统形式的媒体 (如报纸、电视和互联网), 也指新的数字传播工具 (如微信、微博、小红书等)。大量研究表明, 大众传媒会对企业行为产生影响, 尤其是会对企业社会责任的影响。卡罗尔和布赫霍兹 (Carroll and Buchholtz, 2011) 提出, 大众媒体的发展和普及使得企业丑闻的报道更加普遍和透明。在这种情况下, 领导者意识到隐瞒不道德事件更加困难, 从而迫使他们减少不道德的行为和决策, 同时有意识地承担相应的责任。齐格利多普洛斯等 (Zyglidopoulos et al., 2012) 研究了媒体关注对企业社会责任优势和劣势的影响, 其中媒体关注度的增加与企业社会责任强度的增加有关, 而企业社会责任的劣势对媒体关注度的变化不敏感。

第五节　责任型领导的结果变量

相较于责任型前因变量的相关研究，责任型领导的结果变量研究较为丰富。与其他领导风格研究相类似，责任型领导结果变量分为个体层面和组织层面。

一、个体层面

责任型领导对个体层面的影响主要通过树立榜样、传递责任意识以及尊重员工需求等方式。

（一）员工态度

以往研究表明，当员工感知到责任型领导的能力越强，他们的离职意愿水平就越低（Haque et al.，2017）。亚辛（Yasin，2020）的研究也证实了责任型领导在创造道德氛围和企业形象以减少员工离职意愿方面发挥着重要作用。福格林（Voegtlin，2011）通过实证研究发现，责任型领导可以通过创造一个包容的环境进而提高员工工作满意度。一些研究表明，组织中的领导力还可以支持员工更高水平的情感承诺。责任型领导实践不仅有助于吸引员工加入他们的领导的组织，还可以积极影响员工的心理依恋，从而产生更高水平的情感承诺（Haque et al.，2017）。皮涅罗（Piñeros，2022）基于社会认同理论发现，责任型领导能够正向影响情感承诺，企业社会责任在两者之间起中介作用。除此以外，责任型领导也会对员工的工作投入产生积极影响。董和钟（Dong and Zhong，2022）基于归因理论和社会学习理论研究发现，责任型领导能够正向影响员工的工作投入，员工的内在企业社会责任归因和互动正义在两者之间分别起中介和调节作用。周琼瑶等（2022）基于社会认知理论和认知边界模型，以三阶段问卷调查的方式一共收集了287名员工的数据，研究进一步证实了责任型领导能够正向影响员工工作投入，工作家庭平衡的自我效能感在责任型领导与工作投入之间起中介作用，工作家庭区隔偏好显著调节了责任型领导和工作家庭平衡的自我效能感两者之间的关系以及工作家庭平衡的自我效能感的中介作用。李等（Li et al.，2023）基于利益相关者理论，通过分析来自中国的 116 名员工的样本数据，研究发现，责任型领导正向影响员工的工作投入，一般分配正义氛围和感知到的主管支持在两者之间起双重中介的作用。

（二）员工行为

员工创新行为是指员工在日常工作生活中，将产生的新想法、新理念和解决问题的新方案付诸实践的行为（Scott and Bruce，1994）。员工创新行为是企业提升创新水平的基石。以往研究显示，责任型领导会影响员工责任式创新、绿色创新等创新行为。苏伟琳等（2019）基于社会学习以及个体—情景交互作用理论发现，责任型领导可以激发员工创新行为，下属责任感知和核心自我评价在其中分别起中介和调节作用。董和王（Dong and Wang，2021）依据社会认同理论和社会交换理论，通过分析来自中国 280 位制造业工人的数据，研究发现责任型领导与员工创新行为正相关，社会人力资源管理和组织自豪感在两者之间发挥链式中介的作用。戴万亮和路文玲（2021）基于社会信息加工理论和个人—环境匹配理论构建了一个跨层次的第二阶段被调节的中介作用模型。研究发现，责任型领导的影响力具有一定的涓滴效应，即责任型领导对员工责任式创新具有跨层次的促进作用，团队关怀型伦理氛围在责任型领导与责任式创新关系间发挥着中介作用，长期导向不仅调节了团队关怀型伦理氛围与员工责任式创新的关系，而且调节关怀型伦理氛围的中介效应。霍等（Huo et al.，2022）基于社会学习理论研究发现，责任型领导不仅能够直接激发员工实施绿色创新行为，还可以通过知识共享间接促进员工绿色创新行为，领导—成员交换调节了责任型领导与知识共享之间的关系。此外，员工创造力是员工实施创新行为的前提和基础，现有研究也考察了责任型领导与员工创造力之间的关系。桑德拉等（Sandra et al.，2019）基于 96 家公司的 176 名主管—销售人员配对数据进行分析，结果表明，责任型领导与销售人员的创造力呈正相关，此外，研究结果也证实，负责任的领导与销售人员的创造力之间的关系是受销售人员的企业社会责任感知、工作满意度和组织认同调节的。萨尔曼等（Salman et al.，2022）认为责任型领导为组织注入激励氛围以确保在信息流动方面发挥建设性作用。在激励氛围中，高层管理人员或领导者会奖励员工的个人进步、改进和掌握。在掌握氛围中支持知识共享，因为这种氛围可以减少隐藏知识的动机，反而有助于激发创造力。

组织公民行为是指未被正常的报酬体系所明确和直接规定的、员工的一种自觉的个体行为，这种行为有助于提高组织功能的有效性（Organ et al.，1988）。有研究显示，责任型领导对组织公民行为有积极影响。郭亿馨和苏勇（2018）从社会认知和社会学习理论入手研究发现，责任型领导对下属组织公民行为具有"双刃剑"作用，具体来说，一方面，责任型领导能够激发员工的责任意识，从而正向影响员工的组织公民行为；另一方面，责任型领导拥有独特的人格魅力可以让下属对其产生依赖和崇拜，增加下属依赖，从而抑制员工实施组织公民行为。弗莱雷等（Freire et al.，2021）基于214份酒店员工的数据研究发现，社会责任感知和组织认同感在责任型领导与组织公民行为之间起双重中介的作用。近几年，有学者将组织公民行为与环境管理结合起来，提出环保组织公民行为这一新构念，引发了新一轮有关责任型领导与员工环保组织公民行为的研究热潮。赵和周（Zhao and Zhou，2019）基于社会认同理论，通过研究302份酒店员工的数据，探讨了责任型领导对员工环保组织公民行为的影响机制。研究结果表明，责任型领导能够正向影响员工的环保组织公民行为，领导者认同和社会责任的感知在两者之间起中介和调节作用。韩等（Han et al.，2019）基于社会学习理论研究发现，责任型领导不仅可以直接激发员工的环保组织公民行为，还可以通过影响员工的建设性责任感知来间接促进员工实施环保组织公民行为。同时，他们基于自我决定理论发现，自主动机和外在动机在责任型领导与环保组织公民行为之间起双重中介作用。（Abbas et al.，2022）基于社会学习理论，通过分析来自制造业和服务业的520名员工样本发现，心理所有权在责任型领导和环保组织公民行为之间起中介作用，员工的环保承诺不仅正向调节责任型领导和心理所有权的关系，还正向调节责任型领导与员工环保行为的关系。（Lu et al.，2022）基于社会信息加工理论，考察了高层管理团队责任型领导对员工环保组织公民行为的影响，研究发现高管团队责任型领导能够正向影响员工环保组织公民行为，绿色人力资源管理和员工环境责任感在两者之间起链式中介的作用。除此以外，员工帮助行为也被认为是一种组织公民行为，步行等（2021）基于社会认同理论，构建了一个跨层次的模型，通过分析来自113名部门领导和455名员工的配对数据发现，责任型领导能够正向影响员工的帮助行为，规则型伦理氛围和道德认同在责任型领导与员工帮助行为之间起链式中介的作用，即责任型领导可以正向且有顺序地通过规则型伦理氛围和道德认同对员工帮助行为产生影响。

员工绿色行为是指员工参与有助于环境可持续性的行为（Ones and Dilchert，2012）。员工绿色行为与环保组织公民行为概念比较相近，最大的区别在于员工绿色行为并不一定能够提高组织的有效性。相对于其他行为来说，责任型领导对于员工绿色行为的研究比较翔实。比拉勒等（Bilal et al.，2019）基于巴基斯坦88名主管和329名员工配对数据，构建了一个跨层次的模型，研究发现，责任型领导能够正向影响员工的亲环境行为，组织承诺和绿色共享愿景在两者之间起中介作用，环境心理控制源作为员工的个人特质不仅正向调节组织承诺、绿色共享愿景和亲环境之间的关系，而且正向调节组织承诺和绿色共享愿景的中介作用。张等（Zhang et al.，2021）借鉴社会认同和社会信息加工理论构建了一个多层次的理论模型，研究发现责任型领导通过提高员工组织认同感和培养绿色工作氛围来触发员工资源的工作场所绿色行为，员工的绿色价值观强化了组织认同机制，削弱了绿色工作氛围的中介作用。潘持春和黄菲雨（2021）基于社会学习理论和归因理论，探究了责任型领导对员工绿色行为的影响机制及边界条件，研究表明责任型领导不仅可以直接激发员工的绿色行为，还可以通过培养绿色心理氛围来间接影响员工的绿色行为，环境心理控制源不仅正向调节了绿色心理氛围与员工绿色行为之间的关系，还正向调节了绿色心理氛围的中介作用。周等（Zhou et al.，2022）通过整合资源积累视角和工作需求—资源（JD-R）模型，探讨责任型领导对员工亲环境行为的影响机制。通过分析来自中国 319 名员工的三阶段数据发现，责任型领导对员工亲环境行为有显著的积极影响，员工对环境的组织支持感知和绿色自我效能感在责任型领导与员工亲环境行为之间起到多重中介作用，与此同时，员工的调节焦点调节了责任型领导与员工亲环境行为之间的关系，具体来说，促进型焦点强化了责任型领导与员工亲环境行为之间的正相关关系；相反，防御型焦点则削弱了两者之间的关系。王等（Wang et al.，2023）将研究背景由员工转到教师行业，通过对 303 名中国教师的样本进行分析发现，责任型领导对教师绿色行为具有积极影响，心理资本在两者之间起中介作用。法瓦德等（Fawad et al.，2023）基于社会认同以及自我决定理论，从垂直视角考察多层次责任型领导对员工自愿绿色行为的影响机制，研究结果发现责任型领导可以通过领导者认同和环境自主动机来激发员工自愿地实施绿色行为。赵和梁（Zhao and Liang，2023）基于社会交换理论发现，雇佣关系氛围中介了环保责任型领导与员工亲环境行为之间的作用，社会距离削弱了环保责任型领导与雇佣关系氛围之间的正相关关系。尤纳斯等（Younas et al.，2023）将员工绿色行为分为角色内和角色外的绿色行为，通过分析 307 份来自有一年制造业企业工作经验的 MBA 学生的样本数据，研究发现责任型领导对员工绿色行为具有积极影响，绿色共享愿景在责任型领导与员工角色内绿色行为之间起中介作用，而在责任型领导与员工角色外绿色行为之间不起中介作用；个人的绿色价值观加强了绿色共享愿景和员工绿色行为（角色内外）之间的正相关关系。

创新行为、组织公民行为和绿色行为都属于员工积极行为，现有研究也关注了能够损害组织或其他成员利益的员工负面行为，主要包括工作偏差行为、非伦理行为、反生产行为等。王艳子和李洋（2019）基于社会学习理论构建一个被调节的中介效应模型，通过对 215 份调查问卷数据分析表明，责任型领导可以直接抑制员工工作偏差行为，也可以通过增加员工的道德认同来间接抑制员工工作偏差行为，领导正直度不仅强化了责任型领导对道德认同的正向作用，也强化了道德认同的中介效应。程垦和林英晖（2020）基于社会学习理论和领导替代理论，采用问卷调查和情景实验相结合的方法探讨责任型领导和组织惩罚对员工亲组织非伦理行为的影响机制，研究表明责任型领导对亲组织非伦理行为具有负向影响，组织惩罚负向调节责任型领导与亲组织非伦理行为之间的关系，即组织惩罚越强，责任型领导对亲组织非伦理行为的抑制作用越弱。福格林（Voegtlin，2011）和文鹏等（2016）的研究也发现，责任型领导能够抑制员工的非伦理行为。程雪莲等（2023）基于社会认同理论构建了一个责任型领导抑制反生产行为和离职意愿的跨层次被调节中介模型，研究结果表明组织认同中介了责任型领导与员工反生产行为与离职意愿之间的关系，组织伦理氛围负向调节了组织认同的中介作用。

（三）工作绩效

何等（He et al.，2019）探讨了责任型领导与人力资源管理如何交互影响员工幸福感，以及员工幸福感在责任型领导、人力资源管理和员工任务绩效之间的中介作用。根据对中国酒店业 243 名千禧一代员工的调查，采用多元线性回归分析对研究假设进行了检验，结果表明，人力资源管理和负责任的领导对千禧一代员工的幸福感有积极影响，进而提高酒店业的任务绩效。林等（Lin et al.，2020）借鉴社会交换理论证明了责任型领导和知识共享对知识工作者的工作绩效有积极影响，工作投入和帮助举措在责任型领导、知识共享和工作绩效之间起中介作用，工作任期在上述关系中起调节作用。

二、组织层面

（一）组织创新

福格林等（2012）指出，责任型领导可以与利益相关者建立良好的合作伙伴关系，能够使利益相关者在交流过程中分享自己的知识、经验和信息，从而有助于企业创新文化的形成。马克和斯图尔特（Maak and Stoetter，2012）通过案例研究的方法对巴拉圭基金会创始人进行了研究，结果表明，作为有一名责任型领导风格的领导人，其为基金会带来了许多创造性的解决方案。这些方案有助于消除巴拉圭人民的贫困和失业，并最终促进当地的可持续发展和经济变革。廖和张（Liao and Zhang，2020）基于利益相关者理论，遵循"领导—行为—绩效"的逻辑，构建了一个模型来考察责任型领导、管理自由裁量权、环境创新与企业环境绩效之间的关系。通过分析来自 208 家制造公司的调查样本得出，责任型领导的 3 个维度（关系构建、关系治理和共享取向）对环境创新具有正向影响；关系治理和共享取向对激进的环境创新具有积极影响；渐进式和激进的环境创新都对企业的环境绩效产生积极影响；管理自由裁量权在共享取向与渐进式和激进性环境创新、关系治理与激进环境创新之间的关系中起着重要而积极的调节作用。王等（2021）为了解决制造业转型所面临的压力，开发了一个链式中介模型，通过分析中国 125 家制造企业的高层和中层管理人员样本，发现 CEO 高层责任型领导可以通过树立榜样、传递环保意识和制定环保战略等方式加强中层管理者的组织认同感，从而提高企业的环境创新能力。伊尔迪兹（Yildiz et al.，2023）基于利益相关者理论和责任型领导理论，采用文本分析的方法，分析了大量有关酒店和旅游的领导力与创新关系的新闻，结果显示，责任型领导能够兼顾其他利益相关者的利益，在面对挑战时，责任型领导可以超越自身利益或者将自身利益与他人利益相结合，进一步提升组织渐进式和突破式创新能力。

（二）组织绩效

马克（Maak，2007）发现，责任型领导在与利益相关者分享和交流的过程中，会与他们建立相互协作的关系，不断积累企业的社会资本，进而直接或者间接地促进组织效益。陆杨华等（2012）基于利益相关者理论视角，发现责任型领导对企业的成长绩效有显著正向影响，领导者的组织公民行为、开放沟通和诚信道德对企业的成长绩效具有提升作用。王等（Wang et al.，2015）基于中国情境研究责任型领导、社会责任实践和公司绩效之间的关系，研究结果表明具有社会责任感的领导与组织的股本回报率绩效正相关。责任型领导的诚信、道德和利益相关者关系方面与企业社会责任密切相关。然而，企业社会责任实践与组织的股本回报率负相关，这说明企业社会活动无法在短期内提高组织绩效。王等（Wang et al.，2023）通过分析中国 212 家服务机构的调查数据，结果表明 CEO 责任型领导通过塑造积极的组织氛围（包括道德、服务和主动氛围），在提高企业社会责任和组织绩效方面发挥着至关重要的作用。此外，具有创始人身份的负责任的 CEO 在服务组织内表现出更高的塑造积极组织氛围倾向，即创始人身份调节了 CEO 责任型领导和企业社会责任与组织绩效之间的关系。林等（Lin et al.，2023）将建设项目目标从传统的铁三角目标扩展到利益相关者集体绩效，响应了促进利益相关者管理的需求。研究结果表明，项目经理责任型领导可以直接提高利益相关者的集体绩效，也可以通过团队成员的心理认知来间接提高集体绩效，关怀型伦理氛围加强了责任型领导、团队成员心理认知和集体绩效的正相关关系。

（三）组织社会资本

马克和普莱斯（Maak and Pless，2006）指出，责任型领导是社会网络的编织者，且处于社会网络的核心位置。责任型领导通过与利益相关者协商，与他们建立合作共赢的关系，并带来利益相关者网络价值，从而提升企业的社会资本，进而实现企业的可持续发展。国内学者宋继文等（2009）对怡海公司的领导者的风格及行为进行了研究，发现责任型领导会与利益相关者建立良好的合作关系，与政府、员工和社区业主建立互信关系，通过平等协商的方式解决利益相关者之间的冲突与矛盾，积极地构建和维护企业社会网络价值资源，有效地促进企业社会资本的形成与发展。

（四）组织危机化解

科威尔等（Coldwell et al.，2012）采用定量和定性相结合的方法探讨了责任型领导与南非企业危机之间的关系，研究结果表明，企业面临的生存危机时很可能冲击当前企业的声誉，从而造成不可挽回的损失，领导者这时要积极主动地承担责任，并快速地采取补救措施，这可以在一定程度上缓解负面因素给企业股价造成的影响。与此同时，如果企业在前期的社会活动中已经建立了声誉资本和品牌优势，那么实施责任型领导行为可以帮助企业股价恢复到危机前的水平，以此来将损失降到最低。图莉卡（Tulika，2021）通过研究达美航空和美国联合航空公司首席执行官在强行驱逐乘客后所采取的危机管理的措施相关案例，发现在危机发生以后，采取责任型领导行为可以帮助企业在一定程度上维护股价，避免造成更大的损失。

综上所述，责任型领导相关研究框架如图 2 - 1 所示。

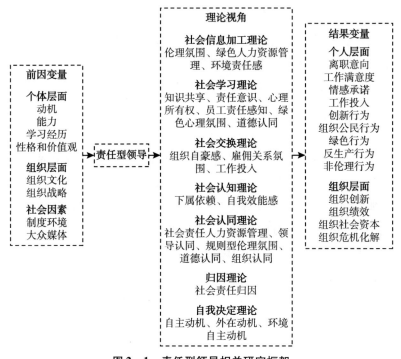

图 2 - 1　责任型领导相关研究框架

第六节　研究述评

首先，责任型领导的内涵经历了关系、过程和行为的三种视角变迁，但目前还没有形成一个统一的定义，不利于后续有关责任型领导理论研究的开展。除此以外，现有有关责任型领导定义的研究大多来自国外，我国学者在将其引入中国情境中时并没有突出文化的差异性。相对于西方，中国文化情境下的责任更强调家国情怀。追随者对领导者的道德提出更多的诉求，希望他们能"先天下之忧而忧，后天下之乐而乐"，强调领导者应该具备一定的大局观。凌文辁等（1987）认为中西方在领导行为的评价上存在明显的差异，一味地采用西方的评价标准来衡量中国本土化的领导行为失之偏颇，不利于中国情境下领导理论体系的构建。当然，西方的领导理论也有许多值得吸收和借鉴之处，未来可以将西方视角下的责任型领导概念与中国情境相融合，从而定义中国情境下的责任型领导的内涵。值得欣慰的是，已有学者将责任型领导与中国文化情境相融合并开发出量表（程雪莲等，2021），该量表也获得了中国学者的支持（祝福云等，2023），迈出了责任型领导理论本土化的重要一步。希望未来有更多的学者能够加入到责任型领导本土化的研究中，定义中国情境下的责任型领导并开发量表。

其次，虽然已有研究从社会信息加工理论、社会学习理论、社会交换理论、情感事件理论、社会认同理论等视角来探寻责任型领导的作用机制，但上述理论视角都偏向通过影响员工的心理状态来改变员工的行为，研究视角较为单一。如前所述，责任型领导与其他领导风格相比，最大的差异在于其将领导者与追随者之间的关系由领导和下属之间拓展到领导与利益相关者之间，将利益相关者也视为影响组织经营决策的重要参与者，因此有必要考虑利益相关者对组织结果的影响。从责任型领导定义出发，责任型领导是指与组织内外部利益相关者构建互惠网络以完成企业可持续化发展的目标。从社会网络视角出发，网络结构会对个体行为产生影响。遵循此逻辑，责任型领导可能会影响利益相关者网络的结构，使得外部的利益相关者能够参与组织的经营，进而影响员工的行为和绩效。相对于社会学习理论等理论视角，社会网络视角不属于社会心理机制分析，可能为责任型领导的作用机制分析提供新的理论视角。除此以外，责任型领导的作用机制基本遵循"责任型领导—组织内部因素—组织结果"。该逻辑仅仅考虑责任型领导对组织内部因素的影响，并不符合责任型领导的特点，也不能发挥责任型领导的全部效能。

最后，目前研究仅仅关注责任型领导对组织微观层面，如个体层面或者组织层面的影响，缺乏宏观层面以及多层面互动的研究。随着全球社会、经济和政治环境的变化，责任型领导的研究可以考虑对组织与社会的影响研究，比如，在跨文化管理中，在不同文化背景下经营，责任型领导是否会提高本国的国家形象以及文化适应性等。另外，目前有关责任型领导的大部分研究聚焦在企业情境下，为讲好中国故事，除了企业层面，未来还应该考虑更多的情境，比如"双碳"目标和共同富裕等。

第三章　环保组织公民行为综述

[本章导读]

随着全球气候变化、生物多样性减少等环境问题日趋严重，企业被人们寄予了更多关注生态环境方面的期望，因此，可持续发展管理不仅受到了学术界的关注，同时也吸引了管理者和政策制定者的注意。在企业的可持续管理中，各种利益相关者发挥着重要作用，这些利益相关者既包括中观层面的企业、政府和非营利性组织，也包括微观层面组织中的个体以及团队。但是，相关学术研究大多集中于探究组织的环保战略与运营，却少有研究关注企业员工的主动性环保行为。环保组织公民行为概念的提出就是为了应对上述问题。

第一节　环保组织公民行为的概念及测量

环保组织公民行为概念的提出主要基于三个方面作用的结果：学术界对环保议题的关注、实务界对环保的需求以及员工主动行为研究的兴起。环保组织公民行为的概念与组织公民行为的概念之间具有密切关系，学者们主要从理论与实证两条路线来展开研究。

一、环保组织公民行为的概念

戴利等（Daily et al., 2009）首次提出了环保组织公民行为的概念，他们将环保组织公民行为界定为一种特定类型的组织公民行为，是员工在组织中从事的不被组织正式制度认可的环境保护实践行为。来源于组织公民行为含义（Organ et al.，2006）的灵感，波拉尔（Boiral，2009）将环保组织公民行为定义为：一种个人的、自由裁量的社会行为，这种行为不被组织正式的奖惩制度认可，可以促进组织环境管理的有效性。同时，波拉尔和派尔（Boiral and Paille，2012）也从六个维度对环保组织公民行为的内涵进行了解释：（1）同事之间相互帮助去从事环境保护行为实践；（2）对模糊的环保行为采取积极乐观态度；（3）支持企业的环境政策；（4）遵守企业环保策略和环保实践活动；（5）在工作场所积极主动参加环境保护活动；（6）通过各种渠道获取有关生态环保知识。

为了进一步探索环保组织公民行为的结构，并为之后的量表开发提供基础，波拉尔和派尔（Boiral and Paille，2012）认为环保组织公民行为由环保主动性、环保参与和环保互助三个方面内容构成。具体来说，环保主动性主要是指员工在组织中主动从事环境保护实践行为；环保参与主要是指员工自愿参加组织的环保活动；环保互助主要是指员工主动鼓励并帮助同事了解环保问题或从事环境管理实践活动。尽管学者们都对环保组织公民行为进行了理论探索，并对其含义进行了界定，但是大部分定义都基于组织公民行为的含义进行拓展。作为一个独立的概念，环保组织公民行为概念的发展必须与组织公民行为概念有本质区别。因此，拉姆等（Lamm et al.，2013）对环保组织公民行为的概念内涵进行了丰富，他们认为环保组织公民行为是一种员工自发行为，这种行为通常没有相关的工作描述，并常常需要通过同事之间相互协作来完成，目的是促进组织和社会的可持续发展。此概念认为环保组织公民行为的根本目的是实现经济社会可持续发展，员工从事此类行为的目的并非完全为了实现组织的目标，更重要的是为了保护生态环境，促进人、社会与环境的可持续发展。

由此来看，环保组织公民行为的含义主要有以下几个特征：第一，环保组织公民行为是一种员工的自发行为。这种自发行为既不依赖于组织的奖励制度体系，也不受组织惩罚系统的影响，员工完全根据自己的意愿选择是否实施环保行为，比如，建议改进纸张消耗的建议。第二，环保组织公民行为属于个体层面的行为，它区别于面向环保的企业社会责任、绿色战略、绿色人力资源管理等组织层面的行为，员工层面的环保组织公民行为与组织层面的环保行为一起构成了组织整体的绿色行为。第三，环保组织公民行为的目的不仅是提高组织的环保绩效，更重要的是实现社会可持续发展。一方面员工主动遵守组织的环保制度，参与环保实践活动，鼓励并帮助同事从事环保活动，从而提高组织环境管理绩效；另一方面，员工从事环保行为既不是由于工作要求，也不是组织奖惩制度的要求，员工主动从事环保行为的根本目的是降低资源消耗、保护环境，从而实现社会的可持续发展。第四，环保组织公民行为是在工作场所中从事的环保实践行为，这不同于大众的普通环保行为，也不同于指向组织和人际的普通组织公民行为。

二、环保组织公民行为的测量

环保组织公民行为的研究时间较短，学者对其结构的界定主要以环保行为和组织公民行为的结构为基础。从已有的研究来看，学者们对环保组织公民行为的测量主要有单维度、双维度和三维度。

（一）单维度

拉姆等（Lamm et al.，2013）根据已有研究，总结了 23 个测量题项，对美国 1046 名在职员工进行调查研究和探索性因子分析，最终保留了 12 个题项的测量量表。量表采用李克特 7 点计分法（1＝强烈不同意，7＝强烈同意），要求员工对自己职场中的行为进行评价。例如，"我是一个习惯使用双面打印的人""我会在离开办公室的时候随手关灯"等。量表的克伦巴赫系数为 0.86；特明克等（Temminck et al.，2015）从员工的环保建言意愿出发开发了 7 个题项的环保组织公民行为量表。该量表以英国员工为调查样本，采用员工自评的方式，题项有"我提出环保建议，以改进工作程序""我提出建议，以提高组织的环保绩效""我努力提请管理层注意可能对环境不友好的活动""我努力提出创新的环保建议，以改进组织"

"我向管理层通报可能对环境不负责任的政策和做法""当政策或规则无助于实现组织的环保目标时，我愿意直言不讳""我建议修改工作做法，以实现组织的环保目标"。这些题项主要从环保危机的避免和现状优化角度来评价；埃尔多安等（Erdogan et al.，2015）在借鉴组织公民行为量表基础上，开发了 5 个题项的环保组织公民行为量表。该量表由主管评价员工，包括"帮助确定减少组织对环境影响的方法""帮助解决组织面临的环境问题""帮助提出有可能改善组织环境绩效的创造性建议""协助制定保护环境的程序和政策""为解决环境问题的潜在新产品或服务出谋划策"。该量表以土耳其员工样本为基础开发，其克伦巴赫系数为 0.92。

（二）两维度

除了单维度量表，学者们还开发了两维度量表。中国学者张佳良等（2018）对波拉尔和派尔（Boiral and Paillé，2012）开发的量表进行了改进，以 276 名中国员工为样本，最终形成了包含两个维度的 4 题项量表。例如："我鼓励我的同事采用更有环境意识的行为"。该量表的克伦巴赫系数为 0.85。

（三）三维度

尽管单维度量表具有使用方便、间接的优点，但是可能无法完全表达环保组织公民行为含义。波拉尔和派尔（Boiral and Paillé，2012）首次开发了环保组织公民行为量表。该量表以 228 名加拿大 MBA 学生为样本进行探索性研究，结果形成了 10 个题项的量表。该量表包含环保主动、环保参与和环保互助三个维度。环保主动性包括："在我的工作中，我在做可能影响环境的事情之前，会权衡我的行为的后果""在我的日常工作活动中，我自愿开展环保行动和倡议""即使这不是我的直接责任，我也会就如何更有效地保护环境向我的同事提出建议"；环保参与包括："我积极参加公司组织的和/或由公司组织的环保活动""我随时了解公司的环保举措""我采取环保行动，为公司形象作出积极贡献""我志愿参与公司内解决环境问题的项目、活动和事件"；环保互助包括："我自发地抽出时间帮助我的同事在工作中考虑环境问题""我鼓励我的同事采取更有环保意识的行为""我鼓励我的同事表达他们对环境问题的想法和意见"。

第二节　环保组织公民行为的含义辨析

由于环保组织公民行为来源于员工主动性行为在环保中的实践，因此我们主要比较与环保组织公民行为密切相关的概念：环保行为和组织公民行为。

一、环保组织公民行为与环保行为

环保行为从广义上来看，是指那些对生态环境有重要影响的行为或者环境保护行为，这些行为可分为两类：一类是对于生态环境有利的行为，如垃圾分类、绿色出行等；另一类是损害环境的行为，如浪费资源等（蔺琳等，2015）。海因斯等（Hines Hungerford and Tomera，1987）将负责任的环境行为定义为一种有意识行为，这种行为通常与个体对环境保护的责任感以及环境价值观有关，其目的是解决生态环境问题或者避免对环境的危害。有关个体环保行为的研究主要围绕个体减少对环境的不利影响和贡献环境可持续发展（Unsworth et al.，2013；Kim et al.，2017；Norton et al.，2015）。个体层面的环保行为主要有以下特点：强调个体的自主性、避免个人行为对环境的污染以及参与解决环境问题。

环保组织公民行为与个体环保行为的相同点在于：都是个体的自愿行为；都是以保护环境，实现经济社会的可持续发展为目的。环保组织公民行为虽然属于一种环保行为，但是与普通的环保行为有重要的区别：（1）行为主体不同。普通环保行为主体是社会中的普通公民，而环保组织公民行为是针对组织中的雇员。（2）行为对象不同。环保组织公民行为主要是指员工在工作场所进行的环保实践行为，如提出改变工作方式，减少纸张的使用；参与 ISO14001 的实施；向新员工解释环境政策等，这些行为仅仅是

在工作场所中产生的，与普通大众在生活中的环保行为有区别。(3) 实施
效果不同。尽管两者最终都是为了实现环境可持续发展，但环保组织公民
行为依然会通过遵守组织环保政策等行为提高组织环保绩效，而普通环保
行为并不考虑组织环境管理绩效。

二、环保组织公民行为与组织公民行为

利用一个成熟的概念来提出一个新概念是多数新概念发展初期的选择
路径。环保组织公民行为来源于员工主动性行为以及社会大众对环保的需
求，环保组织公民的概念与组织公民行为具有一定的逻辑关系，一方面，
环保组织公民行为可以充分利用组织公民行为方面的研究，另一方面，也
可以在环境心理的基础上寻求新的发展。

环保组织公民行为与组织公民行为的联系主要表现在：首先，内涵上
的逻辑联系。早期的环保组织公民行为被看成组织公民行为的一种，波拉
尔（Boiral, 2009）基于组织公民行为的含义，将环保组织公民行为定义
为：一种个人的、自由裁量的社会行为，这种行为没有得到组织正式奖励
制度的明确认可，有助于提高组织环境管理的有效性，并从六个维度对其
内涵进行了阐述。戴利等（Daily, Bishop and Govindarajulu, 2009）认为环
保组织公民行为是组织公民行为的特定类型之一，是员工在组织中从事的
不被组织正式制度认可的环境保护实践行为，因此，环保组织公民行为是
对组织公民行为概念的逻辑延续。其次，两者都属于员工主动行为。环保
组织公民行为和组织公民行为都体现了员工主动性的价值与意义。最后，
两者都属于角色外行为。环保组织公民行为和组织公民行为都不是组织工
作职责内的行为，不被组织正式制度奖励和惩罚。

尽管环保组织公民行为与组织公民行为两者密切相关，但越来越多的
学者发现它们是两个独立的概念。事实上，一些实证研究也证实了这一
点，比如，拉姆等（Lamm et al. , 2013）、波拉尔和派尔（Paillé and Boiral,
2013）的研究指出，环保组织公民行为通过减少在工作场所中的资源消
耗，实现组织可持续发展，最终目的是保护生态环境，但未必一定会促进

组织目标的实现。而组织公民行为是一种有利于组织目标实现的员工主动行为，这种行为可以帮助提高组织绩效，但也可能并非为了实现经济社会的可持续发展，当然在实现组织的发展目标同时也可能会为社会可持续发展提供帮助。因此两者有着不同的行为目的。

第三节　环保组织公民行为的影响因素

在对相关文献梳理基础上，本研究将环保组织公民行为的前因总结为以下几个方面：员工的态度与认知、员工的行为、组织情境等。

一、个体层面

个体行为在很大程度上受到其态度与认知的影响，一些学者从不同方面对诱发环保组织公民行为的个体因素进行了研究。员工的一般环保态度会影响其环保组织公民行为，当员工具有较高水平的环保意识时，一方面，员工倾向于主动实施环保行为，另一方面，组织可以花较少的成本激励员工以提升环境管理绩效。另外，戴利等（2009）的研究指出，员工对组织的情感忠诚会影响环保组织公民行为。拉姆（2013）的研究进一步证实当对组织展示出忠诚的员工会受到组织支持时，员工会主动表现出更多的环保组织公民行为。除了员工的态度，一些知觉与情感因素也会影响员工从事环保组织公民行为，如责任感与积极情绪、员工的组织支持感、员工环保自我担当。

环保组织公民行为概念来源于组织公民行为概念，前面已经分析了两者为不同的概念，但是当员工在组织中表现出更多的组织公民行为时，可能是因为表现出对组织有更多的情感承诺，并对组织有更高的忠诚度，从而也可能会表现出更多的环保组织公民行为。另外，拉姆等（2013）的研究也指出，那些在生活中表现较多环保行为的员工，他们也更加容易理解组织的环境管理理念，更好地遵守组织的环保制度，积极参加组织的环保活动，从而也表现出更多的环保组织公民行为。田青等（2019）研究发现，员工的生态价值观会影响其环保组织公民行为。韩等（Han et al.，2019）认为，责任型领导激发员工的环保动机，从而促使其从事更多环保组织公民行为。当员工感知到更多社会责任时，他也会主动实施环保行为（Tian and Robertson，2017）。

二、领导力层面

在组织情境中，一种非常重要的情境就是领导风格，领导者在与员工的互动中通过言传身教影响员工的态度、情感、价值观和行为等。蔺琳（2014）研究了辱虐管理与员工环保组织公民行为之间的关系，结果发现，辱虐管理负向预测员工环保组织公民行为。贾进（2016）基于资源保存理论构建了环保变革型领导与环保组织公民行为之间的关系模型，研究结果显示，环保变革型领导促进了员工从事环保组织公民行为。同样，田虹和所丹妮等（2020）和彭坚等（2020）也验证了环保变革型领导对环保组织公民行为的积极作用。伦理型领导通过与员工互动，向员工树立道德模范，激发员工的环保自我担当，进一步促进员工从事环保组织公民行为（张佳良等，2018）。魅力型领导可以通过个人魅力促进员工关注环保问题，从而增强责任感，实施更多的对组织有益的环保行为（Tuan et al.，2019）。牛晨晨等（2018）提出，悖论式领导能够促进环保组织公民行为。作为一种关注员工成长、为员工提供资源支持的领导风格，服务型领导也可以为员工实施环保行为提供更多的资源，从而提高员工实施环保行为的频率（Aboramadan，2021；邹艳春等，2023）。贾米尔等（Jameel et al.，2023）通过实证研究发现，支持型领导会通过心理授权和情感承诺影响员工环保组织公民行为。安塞尔等（Anser et al.，2020）以中国公司管理者和员工为样本，检验了精神型领导与员工环保行为的关系，以及环境正义在其中的中介作用。

三、组织因素

尽管环保组织公民行为属于员工的自发行为，但它是在组织中表现出来的行为，因此必然会受到组织情境的影响。戴利等（2009）研究认为，组织环保支持在员工的组织情感忠诚与环保组织公民行为的关系中发挥调节作用，当组织对环保支持较高，忠诚的员工更愿意实施环保组织公民行为。有研究发现，当组织的管理实践与组织战略人力资源匹配时，员工会更积极践行组织环保措施，帮助实现组织环保绩效目标。一些学者的研究也发现组织的环保实践和环保承诺会影响员工实施环保组织公民行为。一直以来，人力资源管理实践都是影响员工行为的重要因素，绿色人力资源管理实践作为一种关注绿色发展的人力资源实践，成为学者研究员工环保行为的重要前因。绿色人力资源管理可以促进员工实施更多的环保组织公民行为，环保情感在其中发挥中介作用（Lu et al.，2023），不仅如此，关注环保作为一种社会责任同样也会受到社会责任型人力资源管理实践的影响，何等（2021）以中国制造业公司员工为样本，实证研究发现社会责任型人力资源管理实践促进员工实施环保组织公民行为。派尔等（2014）研究发现，战略型人力资源管理实践可以促进企业环境绩效，而员工环保组织公民行为发挥中介作用。

员工实施环保行为需要一定知识和技能，如果具备这些知识和技能，那么员工实施环保组织公民行为的概率就大大提高。企业加强对员工实施环保行为能力的培训，有助于员工实施环保组织公民行为（Pham，2018）。员工在职场中的行为很多时候会受到组织氛围的影响，组织的绿色氛围可以塑造员工的绿色价值观，也可以提高员工的组织承诺，从而提高员工实施环保组织公民行为的意愿（Zientara et al.，2017）。尽管环保组织公民行为是一种主动行为，但是其目的指向组织绩效的提高，因此组织政策是否支持员工实施环保行为对员工至关重要，对员工行为具有导向性的作用。派尔等（2016）研究指出，组织的环境政策可以促进员工实施更多环保行为。关注社会环境问题是每个企业的责任，图安（Tuan，2018）研究指出，如果企业提出更多承担社会责任的目标时，员工更愿意主动实施环保行为。

第四节　环保组织公民行为的作用结果

　　学者们从企业的环保绩效方面对环保组织公民行为的作用结果进行了探讨。一些研究表明，企业环保绩效的影响因素除了正式的环境管理体系之外，员工任意的、无奖赏的、非正式的行为也是重要的影响因素。员工在企业生产经营过程中的主动参与、环保建议、资源节约等行为，提高了工作效能，同时有利于企业环保绩效的实现。一些学者通过实证研究发现，员工环保组织公民行为正向预测企业环保绩效（Daily et al. , 2009；Daily et al. , 2012；Paillé et al. , 2014；蔺琳，2014）。

第五节　研　究　述　评

　　综合相关研究来看，环保组织公民行为作为一个独立的概念逐渐引起学术界的研究兴趣。学者们都在积极地探讨环保组织公民行为的概念、结构、量表开发等，同时，也都对环保组织公民行为的影响因素产生浓厚的兴趣，并开始从社会学习理论、社会交换理论以及自我决定理论等视角探究环保组织公民行为的前因变量。但是，员工环保组织公民行为的前因仍然需要进一步丰富。员工环保组织公民行为作为一种主动行为，尽管与员工的个性特征有关，但它是在组织情境中产生的，因此，探寻哪些组织情境影响以及如何影响员工环保组织公民行为显得格外重要，这可以帮助我们更为全面地了解组织中员工环保主动行为是如何发生的。

　　第一，环保组织公民行为的影响因素有待进一步研究。学者们主要从个体和组织两个层面探究环保组织公民行为的前因，在个人层面，主要有个体价值观、态度、认知和情感等；在组织层面，主要从组织环境政策、人力资源管理实践方面进行了研究。另外关于领导力前因的研究主要有变革型领导、伦理型领导、服务型领导、责任型领导、辱虐型管理、真实型领导、授权型领导等。尽管环保组织公民行为的前因研究取得了很大的发展，但是还有很多值得挖掘的地方。

戴利在 2009 年提出了环保组织公民行为的概念，其主要目的是将组织公民行为引入环境管理领域，通过对员工环保组织公民行为的研究能够更好理解组织公民行为的作用。作为一种有益于组织的主动性行为，环保组织公民行为的因素无疑是个人特征与组织因素作用的结果。影响个人主动性行为的因素主要包括动机、认知和情感，也就是需要从"我想""我能""我可以"三个角度探究员工从事环保组织公民行为的前因。尽管已有的研究在这些方面作出了尝试，但是仍然有许多值得探索的前因。人格是影响人的行为的重要前因，但学者们极少探究哪些人格变量会影响员工环保组织公民行为。环保组织公民行为作为一种亲社会行为，同样也具有主动性的特征，比如高尽责性的人具有更强的责任感，也更愿意为了组织的环境目标努力，高宜人性的人更加具有亲和力，也具有更高的亲社会性，尽管环保组织公民行为是为了组织的环保目标，但是它本身促成了社会环境的改善，高宜人性的员工在职场会实施更多环保行为来实现组织环保目标，同时也为社会环境改善作出了努力。

领导力是影响员工行为的重要因素，影响员工环保组织公民行为的领导风格无疑也是学者们的研究重点。学者们主要从两个角度探究领导风格与员工环保组织公民行为的关系，一是领导力本身，比如变革型领导、伦理型领导、服务型领导等，这些领导风格都可以从认知、情感或动机等方面影响员工环保组织公民行为；二是环保导向型领导力，比如环保变革型领导、环保服务型领导、环保授权型领导等，这些领导力将传统领导力置于环保目标导向下，因此可以更有针对性地研究领导力与员工环保组织公民行为之间的关系。首先，似乎每一种领导风格都可以从不同侧面影响员工环保行为，但是哪些领导风格对员工环保组织公民行为影响较大，可以通过探究领导风格作用效果来比较研究。其次，领导力与绿色人力资源政策存在替代效应，目前极少有研究探究领导风格在影响员工环保组织公民行为中的替代作用。最后，中国情境下的领导风格对员工环保组织公民行为的影响，比如道家领导（或者中庸领导风格）是否会影响员工环保组织公民行为。

　　组织政策无疑是触发员工行为的重要条件。员工的职场行为在很大程度上受到组织政策的指挥与监督。学者们主要探讨了组织氛围、组织环保政策、人力资源管理实践等对员工环保组织公民行为的影响，纵观这些研究主要可以分为三类，一是组织环保价值观与目标。那些将可持续发展作为组织战略目标的企业为员工行为指明了方向，在这类企业中，环保目标作为企业可持续发展的重要一环，无论是企业价值观，还是企业制度方面都有较为明确的环保体现，这就为员工实施环保组织公民行为提供了方向。二是提升员工实施环保行为的能力。比如，当企业实施绿色人力资源管理实践时，企业会培训员工有关环保方面的知识，并提供实施环保行为的技能培训。三是组织政策可以提供环保氛围。组织氛围也会潜移默化影响员工行为，如果组织政策提供了一种环保氛围，那么员工将有更可能实施环保组织公民行为。

　　第二，环保组织公民行为的研究视角需要进一步挖掘。已有研究主要从如下视角探究环保组织公民行为的前因。（1）社会交换理论。社会交换理论认为，员工感知到领导或者企业的支持时，员工出于互惠原则会回报组织和领导的支持，从而表现出对组织或领导有利的行为，如环保组织公民行为。（2）社会学习理论。社会学习理论认为，人的行为可以通过模仿和学习而获得，当领导者表现一些亲社会行为时，员工通过观察其行为而习得。如领导者在工作场所双面打印纸张、离开办公室随手关闭电灯、鼓励同事参与环保活动等，员工通过模仿领导者的行为而从事更多环保组织公民行为。（3）计划行为理论。计划行为理论认为人的行为是态度的结果，是否实施环保行为是员工态度、自我标准与行为控制综合的结果，因此员工环保行为受到环保态度、环保自我标准和对环保行为控制的综合影响。（4）自我决定理论。自我决定理论认为行为是动机的结果，是个体对自我需求满足判断后的结果。基于这种理论，员工从事环保组织公民行为主要是基于动机的满足，当员工感知到实施环保行为非常有趣，能从中感知到快乐，那么他就会主动实施这种行为；另外，员工认为实施环保组织公民行为可以从组织或者领导那里获取奖励（包括物质奖励和精神奖励），那么他们就会实施更多环保组织公民行为。

尽管有关环保组织公民行为的研究视角已经比较丰富，但是仍然有值得进一步探究的地方。比如，特质激发理论认为员工行为受到其人格特质在一定情境中的激发，员工环保组织公民行为受到员工特质的影响，即具有亲社会特质的员工如果没有得到组织和领导的支持，很可能会隐藏自我的特质。如果组织为亲社会特质创造条件，那么员工特质就会被激发，实施更多亲社会行为，如环保组织公民行为。

第三，环保组织公民行为的理论边界研究有待完善。已有研究从价值观、领导力、组织文化等角度探索环保组织公民行为研究模型的理论边界。由于环保组织公民行为具有较强的情境性，因此学者们也强调环保组织公民行为研究的调节变量。比如，不同类型的企业员工可能表现出不同的环保组织公民行为，制造业相对于金融业具有更高的环保要求，员工也可能展现更多的环保组织公民行为；文化价值观也可能会影响员工实施环保行为，当前中国政府将绿色可持续发展作为国家战略，在此背景下，企业和员工都会关注环保行为，员工也可能会实施更多环保组织公民行为，因此需要选择更为适合的调节变量来完善研究模型。

本书从员工动机、心理认知与情感变化视角探寻责任型领导对员工环保组织公民行为的影响机制，这有利于更进一步了解领导行为与员工环保组织公民行为之间的"黑箱"。

第四章 责任型领导与员工环保组织公民行为：基于自我决定理论视角

[**本章导读**]

本章探讨责任型领导与员工环保组织公民行为之间的关系，以及外在动机和内在动机的中介作用。随着全球气候变化、生物多样性减少等环境问题日趋严重，企业被人们寄予了更多关注生态环境方面的期望，因此可持续发展管理不仅受到了学术界的关注，同时也吸引了管理者和政策制定者的注意。责任型领导是如何影响员工的动机从而促使员工实施环保组织公民行为的？为回答这一问题，本章主要基于自我决定理论，利用中国公司的323名员工数据，采用结构方程模型方法，分析了责任型领导与员工环保组织公民行为之间的关系，及自主性动机和外在动机在这一关系中的作用。得出的结论如下：责任型领导与员工从事环保组织公民行为正相关；责任型领导对自主性环保动机和外在环保动机都有正向影响；自主性动机和外在动机在责任型领导与员工环保组织公民行为之间起双重中介作用。根据研究结果，本章讨论了管理启示以及未来研究方向。

第一节 问题的提出

随着全球气候变化、生物多样性减少等环境问题日趋严重，企业被人们寄予了更多关注生态环境方面的期望，因此可持续发展管理不仅受到了学术界的关注，同时也吸引了管理者和政策制定者的注意（Bansal and Song，2017；Starik and Marcus，2000；Starik et al.，2010）。同时，党的十八大以来，建设生态文明社会的呼声在国内越发高涨，绿色金融、绿色供应链和绿色人力资源等成为企业谋求长远发展的策略选择（唐贵瑶等，2015）。党的十九大报告也明确提出，为实现国民经济的可持续发展，环境保护和资源节约成为我国发展的重要目标。在企业的可持续管理中，各利益相关者发挥着重要作用，这些利益相关者既包括中观层面的企业、政府和非营利性组织，也包括微观层面组织中的个体以及团队（Starik et al.，2016）。但是学者们一直从战略和运营层面关注企业环保行为的学术研究，却忽视了企业员工环保行为的基础价值（Galpin and Whittington，2012）。

一方面，员工是企业中非常重要的利益相关者，企业的环保行为极大地依赖于员工的参与和执行，另一方面，员工个体的人际互动有助于促进宏观层面的可持续管理（Felin et al.，2015）。因此，有必要从员工层面探讨企业环保行为，环保组织公民行为议题在这种背景下应运而生。环保组织公民行为是指员工在组织内部进行的环保实践行为，这些行为往往不被组织的正式制度所奖励或要求，是对社会公民环保行为和企业的绿色发展策略的有益补充（Daily et al.，2009）。具体而言，员工在工作场所中践行环保行为，将环保理念落到实处，符合组织的绿色战略和制度要求（Ramus and Steger，2000）。例如，员工在工作场所中节约用纸、帮助降低能源消耗、协助同事实践环保行为、向组织提出相关环保建议等。

鉴于员工环保行为对企业环保绩效产生重要影响，不少研究开始陆续揭示环保组织公民行为的影响因素，如员工感知到的组织支持（Lamm et al.，2013；Paillé and Mejía-Morelos，2014）、员工环保自我担当（Zhang et al.，2016）、组织层次的企业环保措施（Paillé et al.，2013）、企业环保忧虑（Temminck et al.，2015）和企业环保态度（Lamm et al.，2015）等。其中，领导者作为连接组织与员工的重要纽带，其领导行为深刻影响下属的环保组织公民行为。有研究证实，伦理型领导（Zhang et al.，2016）和领导对环保的支持（Priyankara et al.，2018）可以提升员工的环保组织公民行为意愿。

上述领导行为主要在企业内部通过上下级关系的互动来影响员工环保行为，主要是基于领导—下属的二元视角，忽视了与企业其他利益相关者的互动。员工的环保组织公民行为作为一种角色外行为，其根本目的在于通过提升企业的环保绩效来改善社会生态环境，因此探讨领导行为对员工环保行为的影响时，需要考虑各方利益相关者的作用，而责任型领导恰恰就是一种关注企业和其他利益相关者群体利益的领导行为。责任型领导将领导力和社会责任相结合，考虑企业员工在内的众多利益相关者利益，力图实现经济效益、社会效益和生态效益相结合，这与员工环保组织公民行为的思想不谋而合。但目前极少有研究来分析责任型领导和员工环保组织公民行为之间的关系及其作用机制（Zhao and Zhou，2019；Ullah et al.，2021；Xiao et al.，2021；Abbas et al.，2022；Ahmed et al.，2023）。因此，本研究主要探究责任型领导对员工环保组织公民行为的影响。

第二节　理论基础与假设

一、自我决定理论

自我决定理论（self-determination theory，SDT）是由美国心理学家德西和瑞安（Deci and Ryan）于 1985 年提出的一种关于人类自我决定行为的认知动机理论。自我决定理论重点关注人类行为在多大程度上是自愿或自我决定的，强调自我在动机过程中的能动作用，重视个体的主动性与社会情境之间的辩证关系。自我决定理论认为，个体存在着一种发展的需要，这种需要不是后天习得的，而是先天的，本质上是心理性的，即人类的基本心理需要。德西和瑞安（2000）提出，自主性需求（autonomy）、胜任力/能力需求（competence）和关联性/归属需求（relatedness）这三种基本心理需求是个体内在动机的基础，只有当这三种需求都得到满足时，个体才会将一项活动内化为自己身份的一部分，才会发自内心地喜欢和热爱这项活动。其中自主性需求是指在行动中感受意志和体验选择的欲望；胜任力/能力需求是指个体在与环境的互动中感到有效性的内在欲望；关联性/归属需求是指个体渴望与他人保持联系的内在愿望。当环境因素促进这三种需求得到满足时，个体的内在动机会得到提升，从而预测积极的工作态度和工作行为，如更高的幸福感（Deci et al.，2000）、生活满意度（Sheldon et al.，1999；Greguras，2010）、积极情感（Reis，2000）、组织承诺（Meyer，2012）等心理态度，更高的工作绩效（Kovjanic et al.，2012；Greguras et al.，2010；Leroy et al.，2015）、工作投入（Kovjanic，2013）、创新能力（杨陈，2018）、努力程度（DeCooman et al.，2013）等个体工作行为。经过几十年的研究，该理论已经逐渐形成了一套较为完善的关于人类动机的理论体系，在组织管理和心理健康等领域得到广泛的应用。

自我决定理论在管理领域中主要应用于如何激发员工的工作动机。自我决定理论认为，理解人的动机需要考虑基本心理需要的满足，需要能够演化为动机，并为个体行为的动力和方向奠定基础（Deci and Ryan，2000）。该理论认为个体的行为主要受动机驱使，并进一步将动机划分为内部动机和外部动机（Ryan and Deci，2000）。内部动机是指个体因"兴趣"而行动的内驱力，使得个体即使没有受到外在奖励（或压力）也会表现出某些行为，而外部动机则指的是人们受到某种外部因素（如外部支持、外部压力等）的刺激才去从事某项活动的倾向（Deci et al.，2017）。内在动机是生物体活跃本质的核心能量来源，它强调了非常重要的一点，即并非所有行为都是外部控制起作用的。内在动机通常被定义为参与一项活动以获得参与本身带来的快乐和满足（Deci and Ryan，1985）。自我决定理论强调个体行为主要受内部动机所驱动，但是在外部动机的驱使下，个体甚至会主动去参与一些不感兴趣的活动，承担额外责任（Ryan and Deci，2020）。在自主性动机方面，个人会从事与内在自我一致的活动（Deci and Ryan，2000；Gagné and Deci，2005；Judge et al.，2005）。

基于自我决定理论，责任型领导的言行、价值观等对下属员工的言行以及价值观具有榜样示范的作用，下属会因为受到领导言行及价值观的熏陶和影响而促进自己积极行为的发生。责任型领导不仅关注企业利益，而且关注多元利益相关者的需求（Han et al.，2019；Zhao and Zhou，2019；文鹏等，2015），超越了传统的"领导—下属"的二元关系，强调经济、社会和环境的"三重底线"。因此，在责任型领导鼓励员工参与决策，传达出组织尊重员工意见时，员工会受到这种影响与感染，使员工产生主人翁意识，从而产生一种心理所有权，进一步满足了员工基本心理需求中的自主需求，激发员工环保的内部动机。员工在受到责任型领导言行、价值观的影响时，也会促使自身的积极言行、价值观的发生与生成，使自身的基本心理需求得到实现，基本心理需求得到满足，能够为员工带来积极的情绪和情感体验，让员工在工作场域内感知到环保的重要性，实施环保组织公民行为。此外，责任型领导保持对员工、社会和环境等各利益相关者的关注，那么他们可能在组织中积极倡导一种对环境负责的管理模式，比如设置环保管理系统，倡导并建立环保行为奖励制度或者惩罚对环境不负责任的行为。责任型领导会通过赞许、支持、鼓励或者树立环境道德模范来提高员工的外部激励，激发员工实施环保行为的外在动机。

二、责任型领导与员工环保组织公民行为

环保组织公民行为是指员工在组织内部进行的环保实践行为，这些行为往往不被组织的正式制度所奖励或要求，是对社会公民环保行为和企业的绿色发展策略的有益补充（Daily et al.，2009）。例如，员工在工作场所中节约用纸、帮助降低能源消耗、协助同事实践环保行为、向组织提出相关环保建议等。根据社会学习理论，个人可以通过观察、模仿他人的价值理念及行为，用来指导自身的行为，从而实现对他人行为的复制与学习（Bandura，1986）。责任型领导关注与企业相关的各种利益相关者的利益，员工在与他们的沟通与交流中彼此交换信息与意见，同时责任型领导的这些领导行为会通过与员工的互动将相关信息传递给员工，下属通过观察、模仿领导的行为，并逐渐接受内化领导的价值理念，用来指导自己的行为。已有相关研究发现，责任型领导会显著影响员工的组织公民行为

（Lord and Brown，2011）、工作满意度、（Voegtlin，2011）、离职倾向（Doh et al.，2011）、工作绩效（陈柳青，2014）、组织承诺（Voegtlin et al.，2012；Doh et al.，2014）、不道德行为（Voegtlin et al.，2011）。

责任型领导不仅关注伦理问题，同时关注与利益相关者建立关系，并考虑长期目标，员工环保组织公民行为反映了个体的伦理要求，同时也表明个体在平衡人与自然关系、提升可持续管理上的努力，这与责任型领导的核心思想相符合。一方面，责任型领导会支持企业制定环境保护方面的行为准则和管理措施，向员工明确哪些行为可接受或不可接受（Stanhl and Luque，2014）；另一方面，责任型领导能提升员工的角色外绩效，即组织公民行为，责任型领导关心组织内外利益相关者的利益，并力求作出兼顾各方利益的决策，这种行为表现会引起员工的积极模仿与学习，因此员工也会主动关心他人，作出超出工作职责以外的行为表现，即通过角色模范的作用，责任型领导有效提升了员工的组织公民行为（Voegtlin et al.，2012）。员工环保组织公民行为属于角色外自愿行为，责任型领导的行为会对员工形成示范作用，领导和下属作为重要的人际互动关系，责任型领导展现出对环境保护的关注，并通过展示环境保护行为来形成对员工的垂范作用。因此，责任型领导将领导力和社会责任相结合，考虑企业员工在内的众多利益相关者利益，力图实现经济效益、社会效益和生态效益相结合，这与员工环保组织公民行为的思想不谋而合。

综上所述，本研究认为责任型领导在伦理上关注对环境的责任，努力寻求人与自然的平衡，通过制定管理措施和行为垂范来促进员工展示更多的环保组织公民行为。

假设 4-1：责任型领导对员工环保组织公民行为具有正向影响。

三、自主动机的中介作用

责任型领导注重责任问题，无论是可持续发展、建立信任、作出道德上正确的决策，还是绿色行动选择（Pless and Maak，2011）。马克和普莱斯（2006）在其早期著作中认为，责任型领导被认为是一种领导风格，在这种领导风格中，领导者是利益相关者之间关系的编织线，同时解决理论差距，并接受实际领导中的挑战（Maak and Pless, 2006）。因此，他们将责任型领导定义为"一种关系和道德现象，发生在与那些影响领导或受领导影响的人互动的社会过程中，与领导关系的目的和愿景息息相关"。在过去的几十年里，责任型领导已经成为一种被众多研究关注的领导风格，并且其对各种员工相关结果的影响力已被证实（Miska and Mendenhall, 2018），包括员工对环境的行为。自主动机是指个体由于兴趣、爱好和意志的驱使而对某一行为产生的一种心理倾向（Black and Deci, 2000）。自我决定理论提出，当外部环境能够满足个体的自主、能力和关系三种基本需求时，可以促进个体的自主动机（Patrick et al., 2007）。

本研究假设，责任型领导会增加自主性环保动机。根据社会学习理论，个人可以通过观察、模仿他人的价值理念及行为，用来指导自身的行为，从而实现对他人行为的复制与学习（Bandura, 1986）。在自主性动机方面，个人会从事与内在自我一致的活动（Deci and Ryan, 2000; Gagné and Deci, 2005; Judge et al., 2005），这些活动主要包括与自我价值和目标一致、让人感兴趣或者愉快的活动（Gagné and Deci, 2005）。在组织情境中，领导者通过榜样示范作用传递自己的价值观，下属通过观察和知觉学习将领导者的价值观内化（周如意和龙立荣，2016），这种内化作用可以增加员工的自我表达感觉。责任型领导关注对个人、社会和环境的责任，在组织中可能会提出可持续管理的目标，比如他们可能会通过强调高层次的价值观来阐述环境目标（如为后代创造更好的地球环境，为了人类共同的健康等）。下属可以接受和内化领导人表现的价值观，因此从事环境活动将变得更有意义（Bono and Judge, 2003; Jung and Avolio, 2000; Shamir et al., 1998）。同时，责任型领导鼓励员工参与决策，向员工传递组织尊重员工的信息，这会使员工产生主人翁的意识，从而产生一种心理所有权，满足了员工自主的需求，进而激发员工工作动机（Doh and Quigley, 2014）。相关研究证实了变革型领导者对环境目标的信任、对解决环境问题的新方法的重视，以及努力挖掘每个员工的能力，都可能会进一步提高员工解决环境问题的能力（Avolio et al., 2004; Walumbwa et al.,

2008）。最终，员工可能会"拥有"亲环境的价值观和目标，从而产生一种自主感或个人意志，同时，员工也可能会在环境可持续管理目标方面与领导保持一致。因此，责任型领导支持员工将环境行为与自己的兴趣、价值观、目标保持一致，从而促进自主性动机。

假设4-2：责任型领导对员工自主性动机具有正向影响。

责任型领导促进自主性动机，自主性动机又进一步促进了环保组织公民行为。根据自我决定理论，个体行为主要受到自主动机和外在动机的影响，是个体在对自身需求和环境认知的基础上作出的选择（Ryan and Deci，2000）。因此，员工从事环保组织公民行为的主要考虑是：一方面，从事环保行为可以使个人获得满足感；另一方面，从事环保行为可能会获得一定的奖赏、鼓励和支持。格雷夫斯等（Graves et al.，2013）的研究发现，员工环保行为是自主动机控制动机联合作用的结果。由自主性动机引发的环境活动符合员工个人的价值观、目标和兴趣（Judge et al.，2005；Sheldon and Elliot，1998，1999）。因此，即使没有组织奖励，员工也会自发地实施环保组织公民行为。一项针对学生环境行为（例如，再利用、回收、购买环境友好型产品和节能）的研究表明，学生们的自主性环保动机与环境行为呈正相关（Osbaldiston and Sheldon，2003；Pelletier，2002）。以往的一些研究也表明，员工的自主性动机促进了员工从事亲环境行为（Afsar et al.，2016）。员工通过内化责任型领导的价值观、与领导环保目标保持一致等方式促进自主性动机，进一步促进员工实施环保组织公民行为。综上所述，本研究认为责任型领导通过提高自主性动机来促进员工从事环保组织公民行为。

假设4-3：自主性动机中介了责任型领导与员工环保组织公民行为之间的关系。

四、外在动机的中介作用

责任型领导不仅可以为员工提供自主性动机，还可能提供外在动机。在外在动机方面，个人的行动源于一种信念，即他们必须或应该采取行动

（Deci and Ryan，2000；Gagné and Deci，2005；Judge et al.，2005）。例如，人们实施某种行为是为了满足工作需求（环保管理系统要求）、获得某种奖励或者避免惩罚（Graves et al.，2013）。有研究表明，变革型领导可能利用外部奖励和动机（Bass，1998；Judge and Piccolo，2004）。环境变革型领导可以利用外部报酬和激励作为激励员工的一种手段，此外，环境变革型领导的某些要素可能会增强外部动机。例如，环境变革型领导者注重提升员工的能力，可以通过提高竞争力来促进外部动力（Graves et al.，2013）。责任型领导保持对员工、社会和环境等各利益相关者的关注，那么他们可能在组织中积极倡导一种对环境负责的管理模式，比如设置环保管理系统，倡导并建立环保行为奖励制度或者惩罚对环境不负责任的行为，因此员工可能会由于这些工作要求或奖励从事环保行为（Anderson et al.，2005；Ramus，2002）；另外，责任型领导表现出一种亲环境模范榜样形象，这会引导员工的模仿与学习，为了得到领导的认可与鼓励，员工可能实施更多的环保行为。基于上述讨论，本研究认为：

假设 4-4：责任型领导对员工外在动机具有正向影响。

尽管员工环保组织公民行为主要由自主性动机引起，但是本研究也考察了外部激励对员工环保组织公民行为的影响。一方面，组织可能会使用环境管理系统和奖励计划，那么这些外在动机不可避免地会影响员工实施环保行为（Anderson et al.，2005；Ramus，2002）。虽然环保组织公民行为不被组织正式制度认可或奖励，但是，一些正式制度之外的外部激励（如领导的鼓励、道德垂范）也会影响员工实施环保行为，员工希望通过实施环保行为来获取领导的认可，并使自己的行为与领导行为保持一致，避免一种心理上的道德惩罚。有时员工也会出于回报领导或者为了获取领导的支持实施环保组织公民行为（Temminck et al.，2015；Paillé and Mejía-Mo-relos，2014）。另外，研究发现当员工感知到上级支持、组织支持和组织承诺增加时，他们可能会出于"义务"从环保的视角展开回报，从而实施环保组织公民行为（Pailé et al.，2013）。企业的消极环保态度会给员工内心带来愧疚感，于是具有道德正义感的员工便会通过增加环保投入来补偿环境损失（Greenbaum et al.，2013），因此员工也可能为了避免对环境的不道德心理而采取环保组织公民行为。责任型领导会赞许、默认、支持员工的亲环境行为，这些行为给员工实施环保组织公民行为提供了外部激励。同时，责任型领导倡导对环境承担责任，与环境和谐相处，坚持可持续发展的理念，因此形成了一种环境友善型的伦理观，员工为了与领导的环境伦理观保持一致，避免道德惩罚，可能会实施更多的环保组织公民行为。综上所述，本研究认为，责任型领导会通过赞许、支持、鼓励或者树立环境道德模范来提高员工的外部激励，进而促进员工的环保组织公民行为。

假设4-5：外在动机中介了责任型领导与员工环保组织公民行为之间的关系。

综上所述，本章研究模型如图4-1所示。

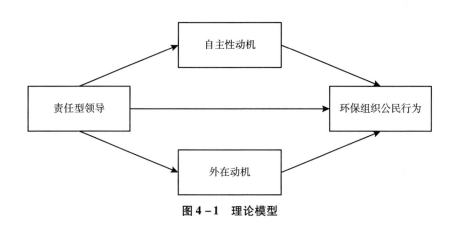

图4-1 理论模型

第三节 研究方法

一、样本和数据收集

本研究通过问卷星平台，对在不同行业的工作人员进行访问，例如银行及保险、医药、服务等，数据采集采用方便抽样法。本研究通过答题条件设置，对答题者性别、年龄、工作年限等条件进行约束，只针对正在工作的企业人员，并依托研究人员的社会关系和企业内部员工收集问卷。为避免共同方法偏差对研究结果产生影响，在填写调查问卷的过程中，对被调查者的填写结果完全保密。研究共回收 380 份问卷，剔除缺失数据过多、重复作答严重及无法配对等无效问卷后，得到有效问卷 323 份，有效率 85%（如表 4 - 1 所示）。

表 4 - 1　　　　　　　　　样本的描述性统计结果

项目	样本数量（份）		占比（%）
性别	男	153	47.4
	女	170	52.6
年龄	24 岁及以下	43	13.3
	25 ~ 29 岁	111	34.4
	30 ~ 39 岁	140	43.3
	40 ~ 49 岁	26	8.0
	50 岁及以上	3	0.9
工作年限	1 年以下	47	14.6
	1 ~ 5 年	97	30.0
	6 ~ 10 年	65	20.1
	11 ~ 20 年	99	30.7
	20 年以上	15	4.6
受教育程度	中专及以下	19	5.9
	大学专科	49	15.2
	大学本科	193	59.8
	硕士研究生	55	17.0
	博士研究生	7	2.2

样本量基本符合研究的要求。样本中，男性 153 人（占比 47.4%），女性 170 人（占比 52.6%）；年龄在 24 岁及以下有 43 人（占比 13.3%），25 ~ 29 岁有 111 人（占比 34.4%），年龄以 30 ~ 39 岁为主，有 140 人（占比 43.3%），40 ~ 49 岁有 26 人（占比 8.0%），50 岁及以上有 3 人（占比

0.9%）；工作年限以 1 ~ 5 年（占比 30.0%）及 11 ~ 20 年（占比 30.7%）为主，工作年限在 1 年以下的有 47 人（占比 14.6%），在 6 ~ 10 年的有 65 人（占比 20.1%），在 20 年以上有 15 人（占比 4.6%）。受教育程度在中专及以下有 19 人（占比 5.9%），大学专科有 49 人（占比 15.2%），大学本科 193 人（占比 59.8%），硕士研究生有 55 人（占比 17.0%），博士研究生有 7 人（占比 2.2%）。

二、测量工具

1. 责任型领导

采用福格林（2011）编制的 5 个题项量表。用李克特 5 点计分法，即"1 = 非常不同意，5 = 非常同意"。低分代表低责任水平，高分代表高责任水平。代表性题项有："我的上级会表明其意识到利益相关者的诉求""我的上级会充分考虑决策结果对利益相关者的影响""我的上级会让受影响的利益相关者参与到决策过程中"，具体题项如表 4 - 2 所示。在本研究中，其一致性信度系数为 0.862。

表 4 - 2　　　　　　　　　责任型领导的测量题项

维度	序号	题项
单维	1	我的上级会表明其意识到利益相关者的诉求
	2	我的上级会充分考虑决策结果对利益相关者的影响
	3	我的上级会让受影响的利益相关者参与到决策过程中
	4	我的上级会在决策前权衡不同利益相关者的诉求
	5	我的上级会努力促使受影响的利益相关者达成共识

2. 环保组织公民行为

采用特明克等（2015）编制的 7 个题项量表。用李克特 5 点计分法，即"1 = 非常不同意"，"5 = 非常同意"。低分代表低环保组织公民行为，高分代表高环保组织公民行为。代表性题项有："我提出了改善工作程序的环保建议""我提出改进组织环保绩效的建议""我试图提醒管理层注意可能对环保不利的活动"，具体题项如表 4 - 3 所示。在本研究中，其一致性信度系数为 0.952。

表 4 - 3 环保组织公民行为的测量题项

维度	序号	题项
单维	1	我提出了改善工作程序的环保建议
	2	我提出改进组织环保绩效的建议
	3	我试图提醒管理层注意可能对环保不利的活动
	4	我试图提出创新的环保建议，以改善组织
	5	我向管理层通报可能对环保不负责任的政策和做法
	6	当政策或规则无助于实现组织的环保目标时，我愿意直言不讳
	7	我建议修订工作实践，以实现本组织的环保目标

3. 自主性动机采用

格雷夫斯等（2013）编制的 6 个题项量表。用李克特 5 点计分法，即"1 = 非常不同意"，"5 = 非常同意"。低分代表低自主性动机，高分代表高自主性动机。代表性题项有："它使我能够实现我认为重要的目标""我从做这件事中得到了快乐""它符合我自己的价值观"，具体题项如表 4 - 4 所示。在本研究中，其一致性信度系数为 0.943。

表 4 - 4 自主性动机的测量题项

维度	序号	题项
单维	1	它使我能够实现我认为重要的目标
	2	它符合我自己的价值观
	3	这对我个人来说很重要
	4	我喜欢它
	5	我从做这件事中得到了快乐
	6	这是有趣的

4. 外在动机

采用格雷夫斯等（2013）编制的 3 个题项量表。用李克特 5 点计分法，即"1 = 非常不同意"，"5 = 非常同意"。低分代表低外在动机，高分代表高外在动机。代表性题项有："我会因为做这件事而得到奖励""我被雇用来做这件事"，具体题项如表 4 - 5 所示。在本研究中，其一致性信度系数为 0.785。

表 4 - 5 　　　　　　　　　　　外在动机的测量题项

维度	序号	题项
单维	1	我的工作需要它
	2	我会因为做这件事而得到奖励
	3	我被雇用来做这件事

三、数据处理

使用 SPSS26.0 和 AMOS21.0 软件进行问卷的信效度分析、描述性统计分析、验证性因子分析、共同方法偏差分析、因子模型拟合以及层级回归分析等。以下是详细说明。

首先，利用 SPSS26.0 进行巴特利特球形检验和 KMO 值计算。巴特利特球形检验的显著性可用来判断是否拒绝零假设，即检验问卷中各个项目间是否相互独立。KMO 值用于评估样本是否适合进行因子分析。KMO 值的范围在 0 到 1 之间，KMO 值越接近 1，样本越适合进行因子分析。其次，利用 SPSS26.0 进行描述性统计分析，描述各变量的基本统计特性，如均值、标准差等，为后续分析提供基础数据。再次，采用哈曼（Harman）单因素检验共同方法偏差，利用 SPSS21.0 进行一系列验证性因素分析检验（估计方法为稳健最大释然法，ML）评估变量测量之间的区分效度。利用 AMOS21.0 进行因子模型拟合，绘制四因子、三因子、二因子和单因子模型的拟合图。通过比较不同模型的拟合指数（如 CMIN/DF、TLI、CFI、

RMSEA 等)，选择最优的模型。最后，利用 SPSS 进行层级回归分析，检验责任型领导对自主性动机、外在动机和环保组织公民行为的正向影响。本章进行中介效应检验采用偏差矫正的 Bootstrap 方法，抽取 5000 次 Bootstrap 样本验证自主性动机、外在动机在责任型领导与环保组织公民行为之间的双重中介作用。

四、量表信度和效度分析

效度即问卷的有效性，是反映问卷能否准确测量出所需测量事物的指标。效度检验分为以下两步：

第一步，运用 SPSS26.0 计算问卷的巴特利特球形检验值和 KMO 值，来判断样本数据是否能作因子分析，当 KMO 大于 0.7，说明比较适合做因子分析；巴特利特球形检验值是用于检测问项间相关系数是否显著的指标，如果显著（sig. < 0.05），说明适合做因子分析。

第二步，运用因子分析法来测量问卷的结构效度，用累积贡献率来反映，若其达到 60% 以上表示共同因素对应的累积有效程度是可靠的。

1. 责任型领导的信度和效度分析

首先，对责任型领导进行可信度检验，结果如表 4-6 所示。表 4-6 中，每个题项的纠正条款总相关系数（CITC）均大于 0.3，各显变量的条款删除之后的克隆巴赫 α 系数均大于 0.5，整个量表的克隆巴赫 α 系数也大于 0.6，这表明责任型领导的量表具有较好的信度。

表 4-6　　　　　　　　责任型领导的信度检验 （N = 323）

变量	题项	CITC	删除该题项后的克隆巴赫 α 系数	变量的克隆巴赫 α 系数
责任型领导	1	0.631	0.845	0.862
	2	0.711	0.825	
	3	0.638	0.848	
	4	0.728	0.821	
	5	0.711	0.825	

其次，对责任型领导量表进行 KMO 和巴特利特球形检验，结果如表 4 – 7 所示。一般而言，只有当 KMO 值超过 0.7 并且巴特利特球形检验的显著性小于 0.05 时，量表的数据才适合进行因子分析。从表 4 – 7 可见，责任型领导的 6 个测量题项的近似卡方为 709.210，自由度为 10，KMO 值为 0.854，高于标准 0.7，即巴特利特球形检验的显著水平（p < 0.001），这说明责任型领导的样本数据适合做探索性因子分析。

表 4 – 7 　　责任型领导量表的 KMO 和巴特利特球形检验（N = 323）

KMO 值	近似卡方	自由度	显著性检验
0.854	709.210	10	0.000

最后，采用主成分分析法对责任型领导进行探讨性因子分析，结果如表 4 – 8 所示。提取了 1 个特征值大于 1 的因子，且这个因子的总方差解释量为 64.872%，大于 50%，可接受。

表 4 – 8 　　　　责任型领导因子分析的解释总方差（N = 323）

成分	初始特征值			提取平方和载入		
	合计	方差%	累积%	合计	方差%	累积%
责任型领导 1	3.244	64.872	64.872	3.244	64.872	64.872
责任型领导 2	0.590	11.791	76.663			
责任型领导 3	0.456	9.128	85.790			
责任型领导 4	0.397	7.932	93.723			
责任型领导 5	0.314	6.277	100.000			

2. 环保组织公民行为的信度和效度分析

首先，对环保组织公民行为进行可信度检验，结果如表 4 – 9 所示。表 4 – 9 中，每个题项的纠正条款总相关系数（CITC）均大于 0.3，各显变量的条款删除之后的克隆巴赫 α 系数均大于 0.5，整个量表的克隆巴赫 α 系数也大于 0.6，这表明责任型领导的量表具有较好的信度。

表 4 - 9   环保组织公民行为的信度检验（N = 323）

变量	题项	CITC	删除该题项后的克隆巴赫 α 系数	变量的克隆巴赫 α 系数
环保组织公民行为	1	0.820	0.946	0.952
	2	0.864	0.942	
	3	0.874	0.942	
	4	0.906	0.939	
	5	0.852	0.943	
	6	0.765	0.951	
	7	0.773	0.950	

其次，对环保组织公民行为量表进行 KMO 和巴特利特球形检验，结果如表 4 - 10 所示。一般而言，只有当 KMO 值超过 0.7 且巴特利特球形检验的显著性小于 0.05 时，量表的数据才适合进行因子分析。如表 4 - 10 所示，环保组织公民行为的 7 个测量题项的近似卡方为 2438.484，自由度为 21，KMO 值为 0.905，高于标准 0.70，巴特利特球形检验的显著水平（p < 0.001），这表明环保组织公民行为的样本数据适合做探索性因子分析。

表 4 - 10   环保组织公民行为量表的 KMO 和巴特利特球形检验（N = 323）

KMO 值	近似卡方	自由度	显著性检验
0.905	2438.484	21	0.000

最后，采用主成分分析法对环保组织公民行为进行探讨性因子分析，结果如表 4 - 11 所示。提取了 1 个特征值大于 1 的因子，且这个因子的总方差解释量为 77.811%，大于 50%，可接受。

表 4 - 11   环保组织公民行为因子分析的解释总方差（N = 323）

成分	初始特征值			提取平方和载入		
	合计	方差%	累积%	合计	方差%	累积%
环保组织公民行为 1	5.447	77.811	77.811	5.447	77.811	77.811
环保组织公民行为 2	0.656	9.368	87.179			
环保组织公民行为 3	0.239	3.408	90.587			
环保组织公民行为 4	0.227	3.238	93.825			
环保组织公民行为 5	0.208	2.978	96.803			
环保组织公民行为 6	0.138	1.969	98.772			
环保组织公民行为 7	0.086	1.228	100.000			

3. 自主性动机的信度和效度分析

首先，对自主性动机进行可信度检验，结果如表 4 - 12 所示。表 4 - 12 中，每个题项的纠正条款总相关系数（CITC）均大于 0.3，各显变量的条款删除之后的克隆巴赫 α 系数均大于 0.5，整个量表的克隆巴赫 α 系数也大于 0.6，这表明自主性动机的量表具有较好的信度。

表 4 - 12   自主性动机的信度检验（N = 323）

变量	题项	CITC	删除该题项后的克隆巴赫 α 系数	变量的克隆巴赫 α 系数
自主性动机	1	0.725	0.945	0.943
	2	0.840	0.931	
	3	0.838	0.931	
	4	0.861	0.928	
	5	0.841	0.930	
	6	0.867	0.927	

其次，对自主性动机量表进行 KMO 和巴特利特球形检验，结果如表 4 - 13 所示。一般而言，只有当 KMO 值超过 0.7 且巴特利特球形检验的

显著性小于 0.05 时，量表的数据才适合进行因子分析。如表 4 – 13 所示，自主性动机的 6 个测量题项的近似卡方为 1820.481，自由度为 15，KMO 值为 0.899，高于标准 0.70，巴特利特球形检验的显著水平（p < 0.001），这表明自主性动机的样本数据适合做探索性因子分析。

表 4 – 13　　自主性动机量表的 KMO 和巴特利特球形检验（N = 323）

KMO 值	近似卡方	自由度	显著性检验
0.899	1820.481	15	0.000

最后，采用主成分分析法对外在动机进行探讨性因子分析，结果如表 4 – 14 所示。提取了 1 个特征值大于 1 的因子，且这个因子的总方差解释量为 78.120%，大于 50%，可接受。

表 4 – 14　　　　自主性动机因子分析的解释总方差（N = 323）

成分	初始特征值			提取平方和载入		
	合计	方差%	累积%	合计	方差%	累积%
自主性动机 1	4.687	78.120	78.120	4.687	78.120	78.120
自主性动机 2	0.486	8.101	86.221			
自主性动机 3	0.287	4.788	91.009			
自主性动机 4	0.245	4.087	95.096			
自主性动机 5	0.177	2.946	98.042			
自主性动机 6	0.118	1.958	100.000			

4. 外在动机的信度和效度分析

首先，对外在动机进行可信度检验，结果如表 4 – 15 所示。表 4 – 15 中，每个题项的纠正条款总相关系数（CITC）均大于 0.3，各个显变量的条款删除之后的克隆巴赫 α 系数均大于 0.5，以及整个量表的克隆巴赫 α 系数也都大于 0.6，这表明外在动机的量表具有较好的信度。

表 4 – 15 外在动机的信度检验（N = 323）

变量	题项	CITC	删除该题项后的克隆巴赫 α 系数	变量的克隆巴赫 α 系数
外在动机	1	0.570	0.767	0.785
	2	0.729	0.586	
	3	0.590	0.750	

其次，对外在动机量表进行 KMO 和巴特利特球形检验，结果如表 4 – 16 所示。一般而言，只有当 KMO 值超过 0.7 且巴特利特球形检验的显著性小于 0.05 时，量表的数据才适合进行因子分析。如表 4 – 16 所示，外在动机的 3 个测量题项的近似卡方为 305.417，自由度为 3，KMO 值为 0.651，巴特利特球形检验的显著水平（p < 0.001），这表明外在动机的样本数据适合做探索性因子分析。

表 4 – 16 外在动机量表的 KMO 和巴特利特球形检验（N = 323）

KMO 值	近似卡方	自由度	显著性检验
0.651	305.417	3	0.000

最后，采用主成分分析法对外在动机进行探讨性因子分析，结果如表 4 – 17 所示。提取了 1 个特征值大于 1 的因子，且这个因子的总方差解释量为 70.152%，大于 50%，可接受。

表 4 – 17 外在动机因子分析的解释总方差（N = 323）

成分	初始特征值			提取平方和载入		
	合计	方差%	累积%	合计	方差%	累积%
外在动机 1	2.105	70.152	70.152	2.105	70.152	70.152
外在动机 2	0.580	19.322	89.474			
外在动机 3	0.316	10.526	100.000			

第四节 研究结果

一、描述性统计分析

表4－18呈现了本研究涉及变量（性别、年龄、工作年限、受教育程度、责任型领导、自主性动机、外在动机、环保组织公民行为）的均值、标准差及变量间的相关系数矩阵，为我们提出的假设提供了初步的支持。

表4－18　　　　　描述性统计结果（N＝323）

变量	均值	标准差	1	2	3	4	5	6	7	8
性别	1.530	0.500	1.000							
年龄	2.490	0.857	−0.153 **	1.000						
工作年限	2.810	1.158	−0.098	0.842 **	1.000					
受教育程度	2.940	0.802	−0.151 **	−0.051	−0.185 **	1.000				
责任型领导	3.637	0.659	0.046	0.069	0.077	−0.055	1.000			
自主性动机	3.673	0.661	0.107	−0.036	−0.035	−0.029	0.334 **	1.000		
外在动机	2.773	0.794	0.010	0.030	0.057	−0.166 **	0.161 **	0.380 **	1.000	
环保组织公民行为	3.261	0.709	0.021	0.149 **	0.150 **	−0.078	0.212 **	0.526 **	0.499 **	1.000

注：**表示 $p < 0.01$。

从表4－18中可以看出，性别和年龄显著负相关（$r = -0.153$，$p < 0.01$），性别和受教育程度显著负相关（$r = -0.151$，$p < 0.01$），年龄和工作年限显著正相关（$r = 0.842$，$p < 0.01$），年龄和环保组织公民行为显著正相关（$r = 0.149$，$p < 0.01$），工作年限和受教育程度显著负相关（$r = -0.185$，$p < 0.01$），工作年限和环保组织公民行为显著正相关（$r = 0.150$，$p < 0.01$），受教育程度与外在动机显著负相关（$r = -0.166$，$p < 0.01$），责任型领导与自主性动机显著正相关（$r = 0.334$，$p < 0.01$），责

任型领导与外在动机显著正相关（r = 0.161，p < 0.01），责任型领导与环保组织公民行为显著正相关（r = 0.212，p < 0.01），自主性动机与外在动机显著正相关（r = 0.380，p < 0.01），自主性动机与环保组织公民行为显著正相关（r = 0.526，p < 0.01），外在动机与环保组织公民行为显著正相关（r = 0.499，p < 0.01）。

二、共同方法偏差检验

本章采用哈曼单因素检验共同方法偏差（Podsakoff et al.，2012），利用 SPSS21.0 进行一系列验证性因素分析检验（估计方法为稳健最大释然法，ML）评估变量测量之间的区分效度。结果显示：总的方差解释量为75.291%，4 个特征值大于 1 的因子，并且第一个因子解释的方差为42.636%，小于 50%，分析结果说明第一个因子对变异量的解释程度并不起主要作用。如表 4 – 19 所示，单因素模型的 χ^2/df 为 15.074，二因素模型的 χ^2/df 为 8.831，三因素模型的 χ^2/df 为 7.614 和 5.301，四因素模型（$\chi^2 = 741.891$；$\chi^2/df = 4.054$；RMSEA = 0.097；CFI = 0.902；TLI = 0.888）优于其他模型的拟合效果。综合以上结果，说明本研究中的共同偏差问题并不严重。

表 4 – 19　　研究变量区分效度的验证性因素分析结果（N = 323）

模型	组合	χ^2	df	TLI	CFI	RMSEA	SRMR
四因素模型	RL；AME；EME；OCBE	741.891	183	0.888	0.902	0.097	0.068
三因素模型	RL；AME + EME；OCBE	986.059	186	0.842	0.86	0.116	0.092
三因素模型	RL + OCBE；AME；EME	1416.274	186	0.757	0.785	0.143	0.138
二因素模型	RL + OCBE；AME + EME	1660.272	188	0.712	0.742	0.156	0.152
单因素模型	RL + AME + EME + OCBE	2848.968	189	0.483	0.534	0.209	0.171

注：RL 表示责任型领导；AME 表示自主性动机；EME 表示外在动机；OCBE 表示环保组织公民行为，下同。

三、假设检验

本章首先采用层级回归分析检验责任型领导对自主性动机、外在动机和环保组织公民行为的正向影响关系，然后，运用结构方程模型检验自主性动机和外在动机在责任型领导和环保组织公民行为之间的双重中介作用如表4－20所示。

表4－20　　　　　　　　　　回归分析统计（N＝323）

变量		AME 模型1		EME 模型2		OCBE 模型3		OCBE 模型4	
		β	t	β	t	β	t	β	t
控制变量	性别	0.085	1.582	－0.02	－0.363	0.024	0.434	－0.003	－0.068
	年龄	－0.006	－0.056	－0.013	－0.125	0.101	0.975	0.107	1.298
	工作年限	－0.049	－0.481	0.025	0.24	0.043	0.414	0.054	0.647
	受教育程度	－0.007	－0.121	－0.157	－2.731	－0.051	－0.886	0.005	0.118
自变量	RL	0.334 ***	6.313	0.152 **	2.763	0.198 ***	3.633	0.013	0.284
中介变量	AME							0.399 ***	8.038
	EME							0.34 ***	7.108
	F	8.873 ***		3.434 **		4.624 ***		30.754 ***	
	R²	0.123		0.051		0.068		0.406	
	ΔR²	0.11		0.023		0.039		0.338	

注：**表示 $p < 0.01$，***表示 $p < 0.001$。

从表4－20的模型3可以看出，在控制员工性别、年龄等人口统计学变量之后，责任型领导对环保组织公民行为有显著正向影响（β＝0.198， p＜0.001），假设4-1得到验证。从模型1可以看出，在控制员工性别、年龄等人口统计学变量之后，责任型领导对员工自主性动机具有显著正向影响（β=0.334，p＜0.001），假设4-2得到验证。从模型2可以得出，在控制人口统计学变量后，责任型领导对员工外在动机具有显著正向影响（β=0.152，p＜0.01），假设4-4得到验证。

根据模型4，当责任型领导、自主性动机和外在动机同时放入对环保组织公民行为的回归方程中时，责任型领导对环保组织公民行为的作用不显著（β=0.013，p＞0.05）。为更准确检验自主性动机和外在动机与环保组织公民行为之间的并列双重中介作用，本章运用结构方程模型构建了一个双重中介模型。模型拟合度可以接受（c^2=741.891，c^2/df=4.054，TLI=0.888，CFI=0.902，RMSA=0.097），如图4-2所示。

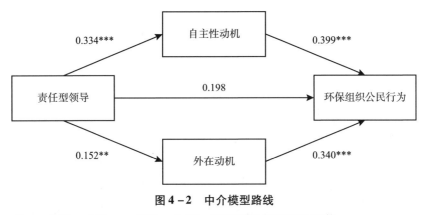

图4-2　中介模型路线

注：**表示p＜0.01，***表示p＜0.001；路径系数为标准化回归系数。

如图4-2所示，本章假设责任型领导对环保组织公民行为的影响由两条路径实现：（1）责任型领导→自主性动机→环保组织公民行为；（2）责任型领导→外在动机→环保组织公民行为。这两条间接路径包含的直接路径系数均显著：责任型领导→自主性动机（β=0.334，p＜0.001）、自主性动机→环保组织公民行为（β=0.399，p＜0.001）、责任型领导→外在动机（β=0.152，p＜0.01）、外在动机→环保组织公民行为（β=0.340，p＜0.001）。为了研究结果的稳定和一致，本章采用偏差矫正的Bootstrap

方法，抽取 5000 次 Bootstrap 样本验证自主性动机、外在动机在责任型领导与环保组织公民行为之间的双重中介作用，分析结果表明：自主性动机在责任型领导与环保组织公民行为之间的中介效应为 0.144（SE：0.039；95% CI［0.070，0.225］；不包括 0）；外在动机在责任型领导与环保组织公民行为之间的中介效应为 0.056（SE：0.027；95% CI［0.006，0.113］；不包括 0）。因此，自主性动机、外在动机在责任型领导和环保组织公民行为之间的中介作用成立，假设 4 - 3 和假设 4 - 5 均成立。

由于责任型领导对环保组织公民行为的直接作用不再显著（β = 0.014，p > 0.05），因此，自主性动机和外在动机完全中介了责任型领导和环保组织公民行为之间的关系。中介效应占总效应的 93%。

第五节　研究意义及展望

一、理论意义

环保组织公民行为指的是员工在组织中进行的环境保护行为，通常这些行为不被正式的组织制度奖励或要求，它主要体现出员工在组织中的主动环保行为，是对社会大众日常的环境保护行为和企业绿色发展策略的有效补充（Daily et al.，2009）。本研究从领导行为入手，探究责任型领导对员工环保组织公民行为的影响及其内在机制，试图从社会学习理论视角来回答"责任型领导如何影响下属环保行为"这个问题。

首先，本章的研究结果丰富了环保组织公民行为的前因研究。根据社会学习理论，人的复杂行为主要是通过学习而获得的，这种学习既包括直接经验式的学习模式，又包括通过观察示范者的行为而间接习得的学习模式（Bandura，1971），由于领导者和员工经常进行互动，因此领导行为会影响员工的态度和行为。研究表明，伦理型领导通过道德垂范和改善伦理气氛来提升员工的环保组织公民行为（Zhang et al.，2016），同时，诺顿等（Norton et al.，2015）呼吁更应关注一些与绿色理念密切相关的领导方式。责任型领导不仅关注组织内的员工等内部利益相关者，同时也关注外部与企业有广泛关系的利益相关者，自然环境就是一个重要的利益相关因素（Maak and Pless，2006）。本研究将责任型领导与下属环保行为相结合，探索并证实了责任型领导通过自主性动机和外在动机对员工环保行为的促进作用，一方面，扩展了责任型领导对员工态度与行为影响的相关研究；另一方面，也从不同传统二元模式的领导行为视角解释了员工环保组织公民行为的前因。

其次，丰富了责任型领导对员工环保组织公民行为影响机制的研究。在以往的责任型领导研究中，学者们更多关注责任型领导对员工态度和行为的直接影响（Voegtlin，2011；Voegtlin et al.，2012）。本章研究发现，责任型领导通过员工的动机来促进下属环保组织公民行为。领导态度和行为是否可以引起员工的模仿和学习，这在很大程度上取决于员工的学习和模仿动机，本研究从内在动机和外在动机两个方面探讨责任型领导对员工环保行为的影响，结果显示责任型领导可以通过提高员工的环保动机来促进环保组织公民行为，这为探究责任型领导与环保组织公民行为之间的影响机制提供了有力的证据。

二、管理启示

为了推动社会生态环境的改善，企业应该走可持续发展的道路，鼓励员工实施更多的环保行为，因此如何促进员工的主动环保行为就显得格外重要。本章研究发现，责任型领导对员工环保自主性动机和外在动机有促进作用，并进一步促进员工环保组织公民行为。因此，本章的研究结论具有以下管理启示：（1）重视责任型领导在企业可持续发展中的作用。在组织中，管理者的环境伦理观以及对企业社会责任感影响员工的环保态度和实践，因此提高管理者自身的责任型领导水平，加强与员工的互动交流，有助于促进员工工作场所环保实践。同时，在组织人力资源管理实践中，将责任型领导的价值观和特征与员工招募与甄选、职位晋升、培训、领导力开发等相结合，强化组织中的责任型领导实践。（2）员工的动机会影响主动实施环保行为。在组织中，要提高员工的环保组织公民行为，就需要充分激发员工的环保动机，而责任型领导是促进员工环保动机的领导行为，责任型领导充分尊重员工，关注员工利益和利益相关者利益，让员工体验到自主的满足感，同时会鼓励员工的环保行为，因此组织应该培训管理者提高责任型领导水平，加强对员工环保动机的激发，从而促进员工环保组织公民行为。

三、局限性和未来展望

尽管本章的研究取得了一些成果，但也不可避免存在几个局限：首先，责任型领导的测量来自国外研究者开发的量表。尽管量表具有较好的信度和效度，但责任型领导的概念内涵，以及在不同文化下的验证还需要进一步研究，未来研究可以考虑开发中国情境下的责任型领导量表。其次，本章主要探讨责任型领导与员工环保组织公民行为之间的影响机制，没有对这一机制的限制条件进行研究，未来的研究可以考察不同情境或员工特征是否会调节这一机制，比如考虑组织的绿色人力资源管理、员工的环保意识等对责任型领导与员工环保组织公民行为之间关系的调节作用。环保组织公民行为切实地反映了当下我国社会对环境保护和资源节约的呼声，能够在本土化的中国情境下发展延伸，通过多样化的本土探索，以实现环保组织公民行为议题在中国情境下的价值发挥（张佳良和刘军，2016）。因此，未来研究可以考虑一些中国情境的变量。最后，本章研究中所收集的数据主要来自员工的自我报告，没有测量领导者自评的责任型领导。员工报告和领导者报告的责任型领导是否会有差异？后续的研究可以继续探讨领导者自评的责任型领导对下属环保组织公民行为的影响。

第六节　结　　论

　　责任型领导作为一种新兴的领导方式，有效地弥补了传统领导理论的不足，对提升企业信誉、维持企业与社会的可持续发展具有重要意义（Voegtlin et al.，2012）。责任型领导以利益相关者理论为基础，融合了领导伦理与企业社会责任的内涵，一方面，责任型领导者通过行善和避害行为，树立道德榜样，吸引员工模仿；另一方面，责任型领导受到承担企业社会责任的要求，因此，责任型领导在企业环境责任的任务指导下表现出对自然环境的友善，通过与员工的互动潜移默化地影响员工的环保态度和行为，但这种影响受制于员工动机的影响。本章通过对 323 份员工数据进行回归分析，主要得出以下结论：在控制了性别、年龄、教育程度和工作年限以后责任型领导对环保组织公民行为有显著的正向影响，另外，自主性动机和外在动机在责任型领导与环保组织公民行为之间发挥完全中介作用，自主性动机的中介作用大于外在动机的中介作用，自主性动机的传导作用大于外在动机的传导作用。

第五章　责任型领导与员工环保组织公民行为：基于社会认知和社会交换的视角

[**本章导读**]

本章主要关注责任型领导通过影响员工的建设性责任感知进而影响员工的环保组织公民行为这一问题。随着全球环境问题的日益严重，环保组织的重要性和影响力不断增强。在这个背景下，责任型领导对于员工参与环保组织公民行为的影响成为一个备受关注的话题。本章从社会认知理论的视角出发，首先介绍研究的背景，全球气候变化、资源消耗以及生态环境污染等问题的加剧，使环保组织的作用变得越来越重要，在这一背景下，领导者的角色变得至关重要，特别是责任型领导对员工的环保行为具有积极影响。其次，回顾相关的研究文献。通过对责任型领导和环保组织公民行为的现有研究进行综述，我们可以了解到责任型领导与员工环保行为之间存在着积极的关联。同时，社会认知理论提供了解释这种关联的有力框架。最后，探讨责任型领导对员工环保行为的影响机制。

社会认知理论认为，个体对环保行为的态度、主观规范和知觉行为控制是影响其行为的重要因素。责任型领导通过塑造员工的环保行为态度、增强主观规范和提高知觉行为控制来促进员工的环保行为。本章基于社会认知理论，通过对 380 名员工的数据收集，分析责任型领导对员工环保组织公民行为的影响机制，即这一机制中的建设性责任感知的中介作用与上下级关系的调节作用。

通过深入分析责任型领导对员工环保组织公民行为的影响机制，本章的研究有助于揭示组织中领导者的重要作用，并为提高员工的环保行为提供理论和实践的指导。通过研究得出以下结论：责任型领导与建设性责任感知正相关；建设性责任感知中介了责任型领导与员工环保组织公民行为的关系；上下级关系调节了责任型领导与建设性责任感知的关系；上下级关系调节了建设性责任感知对责任型领导与员工环保组织公民行为的中介作用，即上下级关系越融洽，建设性责任感知在责任型领导与员工环保组织公民行为之间的中介作用越强。

第一节　问题的提出

　　企业作为我国经济发展不可或缺的一员，被赋予了保护生态环境、追求可持续发展的责任和使命。环境可持续性正在成为 21 世纪企业生存和发展的关键。环境问题备受瞩目，得到学术界的广泛关注。环境可持续发展议题在不同的研究领域中越来越受到重视，如绿色人力资源管理、绿色供应链管理等。这些组织层面的"绿色化"商业战略成功与否不仅依赖于硬性规章制度，很大程度上还取决于员工的自愿参与。如温斯和迪尔彻特（Ones and Dilchert，2012）以美国和欧洲为研究对象，发现只有 13% ~ 29% 的员工环保行为是基于组织要求而作出的。在此背景下，员工个体层面的环保组织公民行为逐渐进入学者们的研究视野，它强调的是员工在正式工作范围外主动的环境保护行为，有利于组织和社会可持续发展（齐慧杰等，2019）。在企业可持续管理中，大量学者都关注战略层面的环保行为，而忽视了员工层面的环保行为（Galpin and Whittington，2012）。由于企业的战略需要员工来执行，因此，员工的环保行为对于促进企业层面的可持续管理有重要的作用（Felin and Foss，2015）。环保组织公民行为是指员工在组织中从事的不被组织的正式制度所奖励或要求的环保实践行为，是对社会公民环保行为和企业绿色发展战略的补充（Daily and Bishop，2009）。

　　员工在组织中的环保组织公民行为受到多种因素的影响。关于环保组织公民行为的前因研究，主要分为员工层面和组织层。在员工层面，如员工感知到的组织支持（Paille and Mejia-Morelos，2014）、员工环保自我担当（Zhang and Chen，2016）；在组织层面，如企业环保措施（Paille and Boiral，2013）、企业环保忧虑（Temminck and Mearns，2015）和企业环保态度（Lamm and Tosti-Kharas，2015）等。其中领导行为方面，现有研究证实，伦理型领导（Zhang and Chen，2016）和领导对环保的支持（Priyankara and Luo，2018）可以提升员工的环保组织公民行为。极少有学者探讨责任型领导对环保组织公民行为的影响，责任型领导与其他传统的领导理论（如变革型领导、伦理型领导、服务型领导和真实型领导）的关键性差异在于责任型领导关注社会和环境以及可持续的价值创造和积极的变革（Pless and Maak，2011）。责任型领导关注人与自然、社会的协调发展，将生态环境作为重要的利益相关者来考虑，这与环保组织公民行为的目的不谋而合。本章探讨责任型领导与环保组织公民行为之间的关系以及作用机制。一方面，不同于传统的领导行为理论关注组织内部的上下级互动，责任型领导关注人、环境与社会众多利益相关者的利益，本章的研究有助于丰富环保组织公民行为的前因；另一方面，责任型领导对环保组织公民的影响会受到员工个体价值观、对环保态度和组织情境的影响，同时也探讨建设性责任感知在责任型领导和环保组织公民行为之间的中介作用，分析上下级关系的调节作用，因此，本章研究也有助于厘清责任型领导对环保组织公民行为之间的影响机制和调节因素。

第二节　理论基础与假设

一、社会认知理论

社会认知理论是由美国心理学家阿尔伯特·班德拉（Albert Bandura）于 20 世纪 60 年代提出的一种心理学理论。该理论主要关注个体如何通过观察他人的行为、思想和情感来学习，并以此影响自己的行为。社会认知理论认为，认知过程被视为对外部刺激的解释和代表性心理建构的产物。个体活动是由个体认知、个体行为和外部环境三者交互决定的，人既是环境的塑造者，又是环境作用的产物（Bandura，1986）。由于未来尚不可知，个体必须不断地扫描其周边环境，获取有用的信息线索，并基于这些线索激活相应的认知结构，进而作出决定。在社会认知理论中，观察学习、自我调节学习和间接经验学习是很重要的概念。观察学习指的是个体通过观察他人的行为和后果，从中学习新的技能和行为模式。这种学习方式可以通过模仿、仿效或者直接观察他人来实现。自我调节学习则指个体通过对自己行为的观察和自我评价，来调整和改进自己的行为。这种学习方式通常发生在个体与外部环境互动的过程中。间接经验学习指的是个体通过他人的经验和故事，来获取新的知识和技能，而不必亲身经历相同的情境。社会认知理论强调个体不仅被动地接受外界的刺激和信息，而且能够主动地选择性地观察和模仿他人的行为，并通过内在的变量（例如动机、信念等）来调节自己的行为。因此，社会认知理论认为，个体的行为是受到认知、情感和环境之间相互作用的影响。

责任型领导通过塑造员工的环保行为态度、增强主观规范和提高知觉行为控制来促进员工的环保行为。在研究责任型领导对员工环保组织公民行为的影响时，社会认知理论可以帮助解释员工如何通过观察领导的行为、接受领导的评价和观点，以及通过与领导的互动来学习并内化环保理念和行为。同时，社会认知理论也强调员工主动地选择性地观察和模仿领导的环保行为，并通过内在的动机和信念来调节自己的环保行为。因此，社会认知理论可以为研究提供理论基础，并解释责任型领导如何通过塑造员工的认知、态度和行为来影响员工的环保公民行为。

二、社会交换理论

社会交换理论是一种社会学理论，主要用于解释个体在社会交往中的行为。这一理论认为，人们参与社会关系和交往是基于对成本和收益的权衡。根据社会交换理论，个体参与社会交往是出于对自身利益的追求，他们倾向于寻求能够带来更多利益而减少成本的关系。

社会交换理论是由美国社会学家乔治·霍曼斯（G. C. Homans）于 20 世纪 60 年代初首次提出的，后来在彼得·布劳（Peter Blau）、科尔曼（Coleman）、埃默森（Emerson）等学者的发展下逐渐形成了一个较为系统的社会学理论体系（王剑等，2016）。彼得·布劳的社会交换理论提出了一些主要观点：第一，所有的社会活动都可以归结为一种交换行为，人们在社会交往中所建立的社会关系本质上是一种交换关系。第二，交换是社会生活中的普遍现象，既有经济层面的交换，也有社会层面的交换，既有物质层面的交换，也有非物质层面的交换。第三，人们之所以愿意进行社会交换，是因为他们期待通过交换获得期望的内在或外在回报或好处。第四，在交换过程中，人们倾向于以较小的代价和付出换取尽可能多的利益和回报。第五，对交换的利弊权衡以及交换结果的评价会直接影响当事人的态度、心理感受和行为倾向（潘福中等，2022）。

这些观点凸显了社会交换理论对于解释社会交往和人际关系的重要性，以及对于理解个体在社会互动中的行为选择和决策的指导作用。社会交换理论的系统性和深入性为我们提供了更深入地理解人类社会互动和行为的框架，为社会学和其他社会科学领域的研究者提供了有益的理论基础。综合而言，社会交换理论认为，交换关系的成立基于互惠性报酬，交换双方秉持理性选择，力求实现交换收益。一般而言，人们在交换过程中或倾向于扩大收益、缩小代价，或倾向于扩大满意度、减小不满意度。利大于弊的交换结果会激发积极态度，促使交换人重复进行此类交换行为；弊大于利的交换结果则产生消极态度，交换行为会因缺乏内生动力而消减甚至停止。

社会交换理论的重要性体现在它对人际关系和社会互动的深刻理解上。通过权衡成本和收益，个体能够更好地理解自己在社会互动中的行为选择。这种理论有助于解释为什么人们会选择建立或终止某种社会联系，以及为什么一些关系会变得紧密或者疏远。此外，社会交换理论还有助于理解组织内部的互动和决策过程。通过考虑个体的成本和收益，可以更好地理解组织成员之间的合作、竞争和冲突，从而促进组织内部的和谐发展。

三、责任型领导与员工环保组织公民行为

环保组织公民行为是指员工在组织中从事的不被组织的正式制度所奖励或要求的环保实践行为，是对社会公民环保行为和企业绿色发展战略的补充（Daily and Bishop，2009）。例如，员工在组织中节约办公用纸、降低能源消耗、帮助同事实施环保行为、向组织提出有关环保方面的建议等。在组织中，员工在工作场所实践环保行为必然受到组织情境的影响，领导行为通过与员工的互动影响他们的态度和行为，因此，领导行为对环保组织公民行为有重要的影响。责任型领导不仅关注人与社会，同时也将生态环境作为重要的利益相关者来考虑。责任型领导是领导者有意采取的行善和避害这两种责任行为，其中，行善行为是领导者的规范性道德的体现，如关注员工健康、关注社区环保、慈善等；避害行为是领导者的禁止性道德的体现，如保证食品安全、抵制腐败行为、避免环境污染等（Stahl and deLuque，2014）。责任型领导追求人与自然的和谐，这与员工环保组织公民行为保护生态环境的理念一致。

根据社会学习理论（Bandura，1986），人们不仅通过直接的经验学习知识和技能，还可以通过观察他人的行为和结果来学习。这意味着，个体可以通过模仿和模拟他人的行为来获取新的技能和知识，而不必亲自经历相关的情境。同时，社会学习理论强调了认知过程在学习中的重要性，包括观察、记忆、认知建构和激励等方面。社会认知理论认为，个体对环保行为的态度、主观规范和知觉行为控制是影响其行为的重要因素。

在组织环保行为方面，员工的角色外自愿行为是非常重要的。这意味着员工在与责任型领导的互动中，通过观察和模仿责任型领导的理念和行为，从而影响自己主动从事环保实践行为。研究表明，责任型领导对员工的组织公民行为具有显著影响（Lord and Brown，2001）。

责任型领导以利益相关者理论为基础，融合了领导伦理和企业社会责任的概念内涵，力图实现人与社会、环境的和谐相处。因此，责任型领导不仅包含了对自然的伦理价值，还体现了企业的社会责任。一方面，责任

型领导树立道德榜样，促使员工关注环保问题，激发员工的环保动机，同时也带来良好的组织氛围，促进员工自发地实施环保行为。已有研究表明，伦理型领导可以提升员工的环保组织公民行为（Zhang and Chen，2016）。另一方面，责任型领导关注组织内外利益相关者的利益，履行社会责任，增强员工的企业社会责任感知，促进员工主动参与社会责任活动（Voegtlin and Patzer，2012），从而提升员工的环保组织公民行为。综上所述，责任型领导对员工的环保组织公民行为具有深远的影响，不仅在个人层面塑造了员工的价值观和行为模式，也在组织层面促进了良好的环保文化和企业社会责任感知。责任型领导的影响不仅局限于员工个人行为，还延伸至整个组织的环保实践和社会责任履行。这种领导风格能够在组织内部树立起积极的环保文化，激发更多员工参与环保行为，同时也为外部利益相关者树立了企业的良好形象，促进了可持续发展的目标实现。

员工环保组织公民行为与责任型领导之间存在一些相互关联的因素。责任型领导的行为和价值观可能对员工的环保行为产生积极的影响，从而形成一种良性循环。责任型领导主要通过领导示范效应、组织文化、激励和认可以及塑造共同的价值观等方面影响员工组织公民行为。具体来说：

（1）领导示范效应：责任型领导通过个人行为示范了对组织和环境的责任感。当员工看到领导者在工作中实施积极的环保行为时，他们可能更倾向于模仿这些行为，因为领导者的行为通常被视为榜样。

（2）组织文化：责任型领导有助于塑造一种注重责任和可持续性的组织文化。在这样的文化中，员工更有可能认识到他们的行为对组织和社会的环境产生影响，从而促使他们采取积极的环保行动。

（3）激励和认可：责任型领导者通常会认可和激励员工对组织和环境作出的积极贡献。这种认可包括奖励制度、表扬或其他形式的激励，从而鼓励员工继续参与环保行为。

（4）共同的价值观：责任型领导和拥有环保公民行为的员工可能在一些核心价值观上达成共识，比如对社会责任感的重视、对可持续发展的关注等。这种共同的价值观有助于构建一个有利于环保行为的氛围。

总体而言，责任型领导与员工环保组织公民行为之间的关系是相互促进的。责任型领导通过塑造组织文化和提供激励，为员工提供了参与环保行为的动力和支持。员工的环保行为反过来可以强化组织的可持续发展努力，并为责任型领导者的领导风格提供实质性的支持。

假设 5 - 1：责任型领导对员工环保组织公民行为具有正向影响。

四、责任型领导与建设性责任感知

责任感知作为一种自我概念，是个体对作为客体自我的想法和知觉，反映了个体感知到对自身工作结果负有责任和义务（Culbert，1974）。而建设性责任感知是指个体对工作结果的责任和义务的主动性因素，为改善工作效率、改进工作方法、改变工作现状而提升目标的努力意愿和过程（Liang and Farh，2012）。与责任感知相比，建设性责任感知更重要的是强调个体为改变现状主动设定更高目标，并改进方法。责任型领导关注人、社会和生态环境利益，通过树立模范传递对利益相关者利益的责任与义务，并主动寻求改变，下属在与领导的互动中，通过观察、模仿领导的行为，并逐渐内化领导的价值理念，提高自己的责任感知。相关研究已证实，责任型领导积极践行社会责任，同各种利益相关者交流与沟通，在决策中考虑各方的利益，下属通过模仿与学习能够增强责任感知，并用来指导自己的行为，积极参加社会责任活动。同时，责任型领导鼓励员工参加管理与决策，向员工传递一种组织对员工的尊重，这可以提升员工对组织的自我认知，比如产生一种主人翁感觉，提高员工心理所有权，这使员工会和组织共同承担责任，表现出一些主动行为，如组织公民行为（Parker and Pascarella，2013）。也有研究指出，责任型领导能提升员工的心理所有权，进而激发员工的工作动机，影响员工的工作产出（Doh and Quigley，2014）。因此责任型领导也可能会通过提高员工对组织的认同，进而提高对工作目标的责任感。本研究认为，责任型领导会在员工的社会学习过程中强化他们的责任感知。

假设 5 - 2：责任型领导对员工建设性责任感知具有正向影响。

建设性责任感知体现了一种对自身工作结果负责的心理状态，这体现了员工的自主性动机。当员工有自主性动机时，他们会在工作中积极主动付出努力，提升自己的工作表现，承担对工作成果的责任（Parker and Urner，2002）。一方面，责任感知对员工的态度，比如组织认同、组织承诺均有积极的影响（Kim and Lee，2010）。另一方面，具有高责任感知的员工，不仅会投入更多的时间与精力做好自己职责范围内的工作，而且会主动超出本职工作的范围作出有益于组织和公众福利的角色外行为（Eisenberger and Armeli，2001；Pearce and Gregersen，1991）。具有较高责任感知的员工会主动回报领导和组织的关怀，并且，他们会为了众多利益相关者的利益不受侵害，愿意成为一名"好公民"（Maak，2007），员工环保组织公民行为正是社会期待的"好公民"的体现。同时，建设性责任感知往往可以促使员工采取有利于他人或组织的建设性行为（Fuller and Marler，2006）。环保组织公民行为有利于实现组织的环保绩效，并符合社会利益，因此，建设性责任感知有利于促进员工采取环保组织公民行为。

假设 5 - 3：建设性责任感知在责任型领导与员工环保组织公民行为之间起中介作用。

五、上下级关系的调节作用

上下级关系主要是指领导与下属在工作范围之外的、非正式的私人关系（Kenneth，2000）。在企业或组织中，上下级关系通常具有权力和责任、沟通和反馈、激励和支持、建立信任和合作、促进组织目标实现等特点和重要性，需要双方共同努力去建立和维护。在当今中国，虽然管理的规则意识也越来越受到重视，但是关系在中国社会中仍然占主导地位（Zhang and Keh，2010）。在组织中，员工普遍重视与领导构建良好的上下级关系，高质量的上下级关系往往能够给员工带来更多的晋升、奖励或报酬等（王忠军等，2011）。根据相关研究，我们认为高质量的上下级关系有助于提升员工的建设性责任感知。首先，员工通过构建高质量的上下级关系得到心理安全。员工与上司构建高质量的上下级关系决定了员工"圈内人"身份（Kenneth，2000）。根据需求层次理论，个人为了安全需要加入某个团体或者成为某个"圈子"，从而提升心理安全感，为了维护这种安全感，员工会更多感知到有责任和义务改变工作现状，对目标负责，增强建设性责任感知。其次，高质量的上下级关系会使员工获得更多资源。建立明确的目标和期望，提供支持和资源，赋予适度的自主权，鼓励和认可下属的努力和成就，提供发展机会，建立良好的沟通渠道，这些方法可以帮助提升员工的建设性责任感，激发他们更积极主动地对工作负责并获得成就感。当员工获得更多领导支持，获得组织的支持性资源时，会增强员工为改变现状而努力的信心，从而提升员工的建设性责任感知。

根据社会交换理论，人类社会的交换主要包括工具性和情感性的资源交换。员工在工作之外与上级发展人际关系，进行情感资源交换，进而影响工作中的互动。在组织中，领导在工作和生活等方面都会对员工形成一定的影响，因此，员工与领导的上下级关系非常重要。社会交换理论是一种社会学理论，旨在解释人们在社会关系中的行为和决策。该理论认为，个体参与社会交往和关系是基于对成本和收益的权衡，他们倾向于寻求能够带来更多利益而减少成本的关系。这一理论强调了个体在社会互动中追求自身利益的动机，以及在决策时考虑到的因素。通过社会交换理论，社会交往可以被视为一种交换过程，个体之间相互提供资源、支持或服务，以期望获得对等的回报。这种资源可以是物质的，也可以是情感上的支持、信息等。在交换的过程中，个体会权衡参与交往所需的成本，例如时间、精力、金钱和可能带来的负面影响，以及所能获得的收益，如获得的资源、满足感、情感支持等。

社会交换理论强调了互惠性和对等回报的重要性。在社会交往中，个体倾向于期待对等的回报，即"你给我，我也给你"。如果一方觉得自己的付出多于回报，就可能导致不满和矛盾。因此，该理论强调了个体在参与社会交往时对关系质量的考量，高质量的关系意味着更多的收益、更少的成本，因此个体更愿意投入其中。社会交换理论被广泛运用于解释个体在组织、家庭、友谊等各种社会关系中的行为和决策，同时也被用于理解组织内部员工之间的互动、领导者与下属的关系，以及市场经济中的交易行为等。

因此，高质量的上下级关系是领导发挥效能的重要基础，一方面，员工与上级关系越好，员工将获得更多来自领导和组织提供的资源和支持（刘军、宋继文、吴隆增，2008）。当上下级关系质量高时，责任型领导会向下属提供承担责任所需的各种资源和支持，这会提升下属完成目标、改进工作方法的信心，提升建设性责任感知。另一方面，根据社会学习理论，在高质量的上下级关系下，员工更可能把领导当作模仿和学习的榜样，员工与责任型领导有更高质量的沟通和交流，责任型领导鼓励员工参与决策，提升了员工的自主性需求，从而促进了员工的建设性责任感知。同时，根据社会交换理论，高水平的上下级关系促进更高质量的资源交换，因此，员工会通过展示更高的建设性责任感知来回报责任型领导和组织的支持。综上所述，提出以下假设：

假设 5 - 4：上下级关系正向调节责任型领导与建设性责任感知之间的关系，即责任型领导与建设性责任感知的关系在高质量上下级关系中会被加强。

根据上述研究假设，本研究进一步提出了一个被调节的中介假设。责任型领导→建设性责任感知→环保组织公民行为之间的间接关系会因为上下级关系水平不同而出现不同。具体而言，高质量上下级关系的员工会强化责任型领导通过建设性责任感知对环保组织公民行为的正向影响；低质量上下级关系员工则会弱化责任型领导通过建设性责任感知对环保组织公民行为的正向影响。由此，提出以下假设：

假设 5 - 5：上下级关系调节责任型领导通过建设性责任感知对环保组织公民行为的中介作用。对高质量上下级关系的员工来说，责任型领导更会促进建设性责任感知，进而使其表现出较强的环保组织公民行为；反之，对低质量上下级关系员工而言，则较弱。

综上所述，本章研究模型如图 5 - 1 所示。

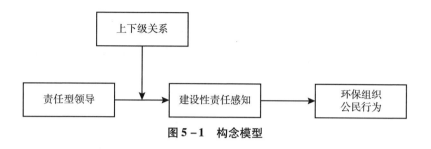

图 5 – 1　构念模型

第三节　研　究　方　法

一、样本与数据收集

（一）样本

　　本研究通过问卷星平台，对在不同行业的工作人员进行访问，例如银行及保险、医药、教学、服务等，数据采集采用方便抽样法。本研究通过答题条件设置，对答题者性别、年龄、工作年限等条件进行约束，只针对正在工作的企业人员，并依托研究人员的社会关系和企业内部员工收集问卷。为避免共同方法偏差对研究结果产生影响，在填写调查问卷的过程中，对被调查者的填写结果完全保密。研究样本由 380 名企业员工组成。约 49.0% 的受访者为男性，样本包括广泛的年龄范围，约 39% 的受访者年龄在 30～39 岁，约 56% 的样本具有学士学位，他们的工龄从 1～20 年不等，约有 32% 的人在各自的组织中工作了 11～20 年（如表 5–1 所示）。

表 5–1　　　　　　　　　样本的描述性统计结果

调查项目		数量（份）	百分比（%）
性别	男	185	48.7
	女	195	51.3

调查项目		数量（份）	百分比（%）
年龄	24 岁及以下	50	13.2
	25 ~ 29 岁	127	33.4
	30 ~ 39 岁	149	39.2
	40 ~ 49 岁	51	13.4
	50 岁及以上	3	0.8
工作年限	1 年以下	48	12.6
	1 ~ 5 年	113	29.7
	6 ~ 10 年	78	20.5
	11 ~ 20 年	121	31.8
	20 年以上	20	5.3
受教育程度	中专及以下	24	6.3
	大学专科	69	18.2
	大学本科	214	56.3
	硕士研究生	67	17.6
	博士研究生	6	1.6

二、测量工具

本研究涉及员工的四个人口学变量，四个变量采用 5 点李克特量表
（1 = 非常不同意，5 = 非常同意）进行测量。

1. 责任型领导

本研究采用福格林（Voegtlin，2011）编制的量表，包括 5 个题项，代表性题项有："我的上级会表明其意识到利益相关者的诉求""我的上级会充分考虑决策结果对利益相关者的影响""我的上级会让受影响的利益相关者参与到决策过程中"，具体题项如表 5 - 2 所示。在本研究中，其一致性信度系数为 0.821，标准化以后的克隆巴赫 α 系数为 0.825。

表5-2　　　　　　　　　　　责任型领导的测量题项

维度	序号	题项
单维	1	我的上级会表明其意识到利益相关者的诉求
	2	我的上级会充分考虑决策结果对利益相关者的影响
	3	我的上级会让受影响的利益相关者参与到决策过程中
	4	我的上级会在决策前权衡不同利益相关者的诉求
	5	我的上级会促使受影响的利益相关者达成统一的结果

2. 建设性责任感知

本研究采用梁等（Liang et al.，2012）编制的量表，包括5个题项，代表性题项有："我有责任尽我所能提出想法或解决方案来实现组织目标""我有义务向组织提出我自己的意见""我个人有义务提出建设性的建议，以帮助组织实现目标"，具体题项如表5-3所示。在本研究中，其一致性信度系数为0.860，标准化后的信度系数为0.863。

表5-3　　　　　　　　　　　建设性责任感知的测量量表

维度	序号	题项
单维	1	我有责任尽我所能提出想法或解决方案来实现组织目标
	2	我有义务向组织提出我自己的意见
	3	我个人有义务提出建设性的建议，以帮助组织实现其目标
	4	我有责任尽我所能，想出绝妙的点子，确保我们的客户得到良好的服务和满意
	5	如果需要的话，我会觉得有义务从个人日程中抽出时间为组织提出想法/解决方案

3. 上下级关系

本研究采用劳等（Law et al.，2000）编制的量表，包括6个题项，代表性题项有："在节假日或者工作之余，我能够给我的上级（领导）打电话并且去拜访他（她）""我的上级（领导）会邀请我去他（她）家吃饭"

"在特殊的节日（如上级或领导的生日），我能够拜访上级（领导）并赠给他（她）礼物"，具体的题项如表 5 -4 所示。在本研究中，其一致性信度系数为 0. 864，标准化后的信度系数为 0. 862。

表 5 -4   上下级关系测量量表

维度	序号	题项
单维	1	在节假日或者工作之余，我能够给我的上级（领导）打电话并且去拜访他（她）
	2	我的上级（领导）会邀请我去他（她）家吃饭
	3	在特殊的节日（如上级或领导的生日），我能够拜访上级（领导）并赠给他（她）礼物
	4	我经常积极主动地与上级（领导）分享或探讨我的想法、问题、需求和感受
	5	我关心并熟知我的上级（领导）的家庭成员以及工作情况
	6	当遇到相冲突的观点时，我能够明确地站在我的上级（领导）这一边

4. 环保组织公民行为

本研究采用特明克等（Temminck et al. , 2015）编制的量表，包括 7 个题项，代表性题项有："我不由自主地帮助同事在工作中考虑环境问题""我鼓励我的同事表现出更具环保意识的行为""我鼓励我的同事对环境问题发表意见与看法"，具体的题项如表 5 -5 所示。在本研究中，其一致性信度系数为 0. 949。

表 5 -5   环保组织公民行为量表

维度	序号	题项
单维	1	我不由自主地帮助同事在工作中考虑环境问题
	2	我鼓励我的同事表现出更具环保意识的行为

维度	序号	题项
单维	3	我鼓励我的同事对环境问题发表意见与看法
	4	我愿意积极加入到公司组织的环保相关活动中
	5	我愿意参与对公司形象有益的环境保护行动
	6	我自愿参承担公司中与环境保护有关的各种项目和具体工作
	7	工作中，我会先衡量自己的行为可能会对环境的影响，再采取行动

5. 控制变量

本研究控制了员工的性别、年龄、受教育程度、工作年限等变量。性别采用哑变量进行测量：男性计为 1，女性计为 2。年龄分五类进行测量：24 岁及以下、25 ~ 29 岁、30 ~ 39 岁、40 ~ 49 岁、50 岁及以上。受教育程度分五类来测量：中专及以下、大专、本科、硕士和博士。工作年限分五类来测量：1 年以下、1 ~ 5 年、6 ~ 10 年、11 ~ 20 年、20 年以上。

三、数据处理

使用 SPSS26.0 和 AMOS24.0 软件进行问卷的信效度分析、描述性统计分析、验证性因子分析、共同方法偏差分析、因子模型拟合以及层级回归分析等。以下是详细说明。

首先，利用 SPSS26.0 进行巴特利特球形检验和 KMO 值计算，巴特利特球形检验的显著性可用来判断是否拒绝零假设，即检验问卷中各个项目间是否相互独立。KMO 值用于评估样本是否适合进行因子分析。KMO 值的范围在 0 到 1 之间，KMO 值越接近 1，样本越适合进行因子分析。其次，利用 SPSS26.0 进行描述性统计分析，描述各变量的基本统计特性，如均值、标准差等，为后续分析提供基础数据。再次，采用哈曼单因素检验共同方法偏差，利用 AMOS24.0 进行一系列验证性因素分析检验（估计方法为稳健最大似然法，ML）评估变量测量之间的区分效度。利用 AMOS24.0

进行因子模型拟合，绘制四因子、三因子、二因子和单因子模型的拟合图。通过比较不同模型的拟合指数（如 CMIN/DF、TLI、CFI、RMSEA 等），选择最优的模型。最后，利用 SPSS 进行层级回归分析，检验责任型领导对自主性动机、外在动机和环保组织公民行为的正向影响。本章进行中介效应检验采用偏差矫正的 Bootstrap 方法，抽取 5000 次 Bootstrap 样本验证自主性动机、外在动机在责任型领导与环保组织公民行为之间的双重中介作用。

四、量表的信效度分析

效度即问卷的有效性，是反映问卷能否准确测量出所需测量事物的指标。效度检验总共分为两步。

第一步，运用 SPSS26.0 计算问卷的巴特利特球形检验值和 KMO 值，来判断样本数据是否能作因子分析，当 KMO 大于 0.7，则比较适合做因子分析；巴特利特球形检验值是用于检测题项间相关系数是否显著的指标，如果显著（sig. <0.05），说明适合做因子分析。

第二步，运用因子分析法来测量问卷的结构效度，用累积贡献率来反映，若其达到 60% 以上表示共同因素对应的累积有效程度是可靠的。

1. 责任型领导的信度与效度分析

首先，对伦理型领导进行可信度检验，结果如表 5 – 6 所示。表 5 – 6 中，每个题项的纠正条款总相关系数（CITC）均大于 0.3，各显变量的条款删除之后的克隆巴赫 α 系数均大于 0.5，整个量表的克隆巴赫 α 系数也大于 0.6，这表明责任型领导的量表具有较好的信度。

表 5 – 6　　　　　　　责任型领导的信度检验（N = 380）

变量	题项	CITC	删除该题项后的克隆巴赫 α 系数	克隆巴赫 α 系数	基于标准化项的克隆巴赫 α 系数	项数
责任型领导	1	0.546	0.805	0.821	0.825	5
	2	0.656	0.774			

续表

变量	题项	CITC	删除该题项后的克隆巴赫 α 系数	克隆巴赫 α 系数	基于标准化项的克隆巴赫 α 系数	项数
责任型领导	3	0.579	0.803			
	4	0.659	0.774			
	5	0.654	0.775			

其次，对责任型领导量表进行 KMO 和巴特利特球形检验，结果如表 5 - 7 所示。一般而言，只有当 KMO 值超过 0.7 并且巴特利特球形检验的显著性小于 0.05 时，量表的数据才适合进行因子分析。从表 5 - 7 中可见，责任型领导的 10 道测量题项的近似卡方为 638.323，自由度为 10，KMO 值为 0.825，高于标准 0.7，巴特利特球形检验的显著水平（p < 0.001），这说明了责任型领导的样本数据适合做探索性因子分析。

表 5 - 7　　责任型领导量表的 KMO 和巴特利特球形检验（N = 380）

KMO 值	近似卡方	自由度	显著性检验
0.825	638.323	10	0.000

最后，采用主成分分析法对责任型领导进行探讨性因子分析，结果如表 5 - 8 所示，提取了 1 个特征值大于 1 的因子，该量表因子的总方差解释量为 59.222%，大于 50%，可接受，表明测量问卷具有较好的效度。

表 5 - 8　　责任型领导因子分析的解释总方差（N = 380）

成分	初始特征值			提取平方和载入		
	合计	方差%	累积%	合计	方差%	累积%
责任型领导 1	1.828	59.222	59.222	1.828	59.222	59.222
责任型领导 2	0.463	14.998	74.220			
责任型领导 3	0.322	10.430	84.650			
责任型领导 4	0.258	8.358	93.008			
责任型领导 5	0.216	6.992	100.000			

2. 上下级关系的信度与效度分析

首先，对上下级关系进行可信度检验，结果如表5–9所示，表明上下级关系的各个显变量的纠正条款总相关系数（CITC）均大于0.3，各个显变量的条款删除之后的克隆巴赫 α 系数均大于0.5，以及整个量表的克隆巴赫 α 系数也大于0.6，表明上下级关系的量表具有较好的信度。

表5–9　　　　　　上下级关系的信度检验（N=380）

变量	题项	CITC	删除该题项后的克隆巴赫 α	基于标准化项的克隆巴赫 α
上下级关系	1	0.694	0.835	0.862
	2	0.676	0.838	
	3	0.761	0.821	
	4	0.650	0.843	
	5	0.725	0.829	
	6	0.448	0.874	

其次，对上下级关系量表进行 KMO 和巴特利特球形检验，结果如表5–10所示。一般而言，只有当 KMO 值超过0.7，巴特利特球形检验的显著性小于0.05时，量表的数据才适合进行因子分析。从表5–10可见，上下级关系的6个测量题项的近似卡方为995.840，自由度为15，KMO 值为0.881，高于标准0.70，巴特利特球形检验的显著水平（p<0.001），这表明上下级关系的样本数据适合做探索性因子分析。

表5–10　　上下级关系量表的 KMO 和巴特利特球形检验（N=380）

KMO 值	近似卡方	自由度	显著性检验
0.881	995.840	15	0.000

最后，采用主成分分析法对上下级关系进行探讨性因子分析，结果如

表 5－11 所示，提取了 1 个特征值大于 1 的因子，该量表因子的总方差解释量为 61.375%，大于 50%，可接受，表明测量问卷具有较好的效度。

表 5－11 上下级关系量表的解释总方差（N = 380）

成分	初始特征值			提取平方和载入		
	合计	方差%	累积%	合计	方差%	累积%
上下级关系 1	2.877	61.375	61.375	2.877	61.375	61.375
上下级关系 2	0.529	11.283	72.658			
上下级关系 3	0.394	8.414	81.072			
上下级关系 4	0.341	7.278	88.350			
上下级关系 5	0.281	5.988	94.338			
上下级关系 6	0.265	5.662	100.000			

（三）建设性责任感知的信度与效度分析

首先，对建设性责任感知进行可信度检验，结果如表 5－12 所示，表明建设性责任感知的各显变量的纠正条款总相关系数（CITC）均大于 0.3。各显变量的条款删除之后的克隆巴赫 α 系数均大于 0.5，整个量表的克隆巴赫 α 系数也都大于 0.6，这表明建设性责任感知的量表具有较好的信度。

表 5－12 建设性责任感知的信度检验（N = 380）

变量	题项	CITC	删除该题项后的克隆巴赫 α 系数	克隆巴赫 α 系数	基于标准化项的克隆巴赫 α 系数
建设性责任感知	1	0.683	0.830	0.860	0.863
	2	0.692	0.828		
	3	0.745	0.814		
	4	0.698	0.827		
	5	0.587	0.858		

其次，对建设性责任感知量表进行 KMO 和巴特利特球形检验，结果

如表 5 - 13 所示。一般而言，只有当 KMO 值超过 0.7 且巴特利特球形检验的显著性小于 0.05 时，量表的数据才适合进行因子分析。从表 5 - 13 可见，建设性责任感知的 5 个测量题项的近似卡方为 878.410，自由度为 10，KMO 值为 0.827，高于标准 0.70，巴特利特球形检验的显著水平（p < 0.001），这表明员工绩效的样本数据适合做探索性因子分析。

表 5 - 13　　建设性责任感知的 KMO 和巴特利特球形检验（N = 380）

KMO 值	近似卡方	自由度	显著性检验
0.827	878.410	10	0.000

最后，采用主成分分析法对建设性责任感知进行探讨性因子分析，结果如表 5 - 14 所示，提取了 1 个特征值大于 1 的因子，该量表因子的总方差解释量为 64.728%，大于 50%，可接受，表明测量问卷具有较好的效度。

表 5 - 14　　建设性责任感知量表因子分析的解释总方差（N = 380）

成分	初始特征值			提取平方和载入		
	合计	方差%	累积%	合计	方差%	累积%
建设性责任感知 1	3.236	64.728	64.728	3.236	64.728	64.728
建设性责任感知 2	0.675	13.498	78.226			
建设性责任感知 3	0.446	8.914	87.140			
建设性责任感知 4	0.383	7.652	94.791			
建设性责任感知 5	0.260	5.209	100.000			

（四）员工环保组织公民行为的信度与效度分析

首先，对员工环保组织公民行为进行可信度检验，结果如表 5 - 15 所示，表明员工环保组织公民行为的各个显变量的纠正条款总相关系数（CITC）均大于 0.3，各个显变量的条款删除之后的克隆巴赫 α 系数均大于0.5，整个量表的克隆巴赫α系数也大于0.6，这表明员工环保组织公民行为的量表具有较好的信度。

表5-15　员工环保组织公民行为量表因子分析的解释总方差（N=380）

变量	题项	CITC	删除项后的克隆巴赫α系数	克隆巴赫α系数	基于标准化项的克隆巴赫α系数
环保组织公民行为	1	0.818	0.942	0.949	0.949
	2	0.852	0.940		
	3	0.865	0.938		
	4	0.887	0.936		
	5	0.840	0.941		
	6	0.770	0.946		
	7	0.769	0.946		

其次，对员工环保组织公民行为量表进行KMO和巴特利特球形检验，结果如表5-16所示。一般而言，只有当KMO值超过0.7且巴特利特球形检验的显著性小于0.5时，量表的数据才适合进行因子分析。从表5-16可见，员工环保组织公民行为的7个测量题项的近似卡方为2723.942，自由度为21，KMO值0.907，高于标准0.70巴特利特球形检验的显著水平（p<0.001），这表明员工环保组织公民行为的样本数据适合做探索性因子分析。

表5-16员工环保组织公民行为的KMO和巴特利特球形检验（N=380）

KMO值	近似卡方	自由度	显著性检验
0.907	2723.942	21	0.000

最后，采用主成分分析法对员工环保组织公民行为进行探讨性因子分

析，结果如表5-17所示，提取了1个特征值大于1的因子，该量表因子的总方差解释量为76.821%，大于50%，可接受，表明测量问卷具有较好的效度。

表5-17　　　员工环保组织公民行为量表因子分析的解释总方差

成分	初始特征值			提取平方和载入		
	合计	方差%	累积%	合计	方差%	累积%
1	5.377	76.821	76.821	5.377	76.821	76.821
2	0.662	9.458	86.279			
3	0.257	3.668	89.947			
4	0.244	3.488	93.435			
5	0.206	2.936	96.371			
6	0.152	2.169	98.540			
7	0.102	1.460	100.000			

第四节　研　究　结　果

一、描述性统计

表5-18报告了本研究所涉及变量的均值、标准差和变量之间的相关系数。责任型领导与建设性责任感知（$r = 0.273$，$p < 0.01$）、上下级关系（$r = 0.169$，$p < 0.01$）和环保组织公民行为（$r = 0.126$，$p < 0.05$）都显著正相关，建设性责任感知与上下级关系（$r = 0.27$，$p < 0.01$）和环保组织公民行为（$r = 0.276$，$p < 0.01$）也显著正相关。

表 5 - 18　　　　　　　　　描述性统计结果 （N = 380）

变量	均值	标准差	1	2	3	4	5	6	7	8
性别	1. 510	0. 500	1. 000							
年龄	2. 550	0. 910	- 0. 178 **	1. 000						
工作年限	2. 870	1. 149	- 0. 112 *	0. 842 **	1. 000					
学历	2. 900	0. 816	- 0. 132 **	- 0. 078	- 0. 199 **	1. 000				
责任型领导	3. 645	0. 612	0. 039	0. 066	0. 053	- 0. 011	1. 000			
建设性责任感知	4. 044	0. 529	- 0. 053	0. 152 **	0. 138 **	- 0. 040	0. 286 **	1. 000		
上下级关系	3. 103	0. 682	- 0. 133 **	0. 057	0. 015	- 0. 052	0. 170 **	0. 227 **	1. 000	
环保组织公民行为	3. 280	0. 693	- 0. 001	0. 188 **	0. 140 **	- 0. 048	0. 131 *	0. 276 **	0. 513 **	1. 000

注：* 表示 $p < 0.05$，** 表示 $p < 0.01$。

二、共同方法偏差检验

本章采用哈曼单因素检验共同方法偏差，利用 SPSS26. 0 统计分析软件进行因子分析，结果显示：总的方差解释量为 66. 823%，总共提取了 4 个特征值大于 1 的因子，并且第一个因子解释的方差为 33. 106%，小于50%。分析结果说明第一个因子对变异量的解释程度并不起主要作用，可见本研究中的共同偏差问题并不严重。

三、假设检验

从表 5 - 19 的分析结果可知，在控制员工性别、年龄等人口统计学变量之后，模型 6 显示责任型领导对员工环保组织公民行为有显著的正向影响（β = 0. 117，$p < 0.05$），假设 5 - 1 得到验证。从模型 2 看出，责任型领导对建设性责任感知有显著的正向影响（β = 0. 279，$p < 0.001$），假设 5 - 2 得到验证。从模型 7 看出，当责任型领导和建设性责任感知同时放入对环保组织公民行为的回归方程中时，责任型领导对环保组织公民行为

的作用不显著（β=0.05，p=0.328＞0.05），因此，建设性责任感知在责任型领导与环保组织公民行为之间起完全中介作用，假设 H2b 得到初步验证。从模型 3 看出，在控制员工性别、年龄等人口统计学变量之后，责任型领导对建设性责任感知在上下级关系的调节下具有显著正向影响（β=0.249，p＜0.001），假设 5－4 得到验证。另外，从模型 4 可以看出，责任型领导和上下级关系的交互项对建设性责任感知具有显著影响（β=0.138，p＜0.01）。将自变量责任型领导、中介变量建设性责任感知、调节变量上下级关系以及中介变量与自变量的交互项同时引入模型，结果如表 5－19 中模型 9 所示，建设性责任感知显著正向预测员工组织公民行为（β=0.155，p＜0.01）。综上可以认为，第二阶段假设 5－5 被调节的中介作用成立。

为更准确检验建设性责任感知在责任型领导和环保组织公民行为之间的中介作用，本章采用 Bootstrapping 方法对间接效应假设进行检验。5000 次 Bootstrapping 结果显示：责任型领导通过建设性责任感知对环保组织公民行为的间接效应为 0.0843，间接路径的中介效应在 95% 的置信区间 [0.0409，0.1398] 中不包含 0。因此，假设 5－3 得到验证。

表 5－19   回归分析统计表（N＝380）

变量		建设性责任感知				环保组织公民行为				
		模型 1	模型 2	模型 3	模型 4	模型 5	模型 6	模型 7	模型 8	模型 9
控制变量	性别	-0.032	-0.047	-0.021	-0.025	0.031	0.025	0.036	0.102	0.102
	年龄	0.126	0.101	0.08	0.082	0.26	0.25	0.226	0.175	0.174
	工作年限	0.022	0.026	0.049	0.047	-0.084	-0.082	-0.088	-0.022	-0.022
	受教育程度	-0.03	-0.03	-0.015	-0.013	-0.041	-0.041	-0.033	0.005	0.005
自变量	责任型领导		0.279 ***	0.249 ***	0.248 ***		0.117 *	0.05	-0.009	-0.01
中介变量	建设性责任感知							0.24 ***	0.151 **	0.155 **

续表

变量		建设性责任感知				环保组织公民行为				
		模型1	模型2	模型3	模型4	模型5	模型6	模型7	模型8	模型9
调节变量	上下级关系			0.176***	0.176***				0.485***	0.484***
交互项	责任型领导×上下级关系				0.138**					-0.029
	R	0.158	0.32	0.363	0.388	0.198	0.23	0.323	0.564	0.565
	R^2	0.025	0.103	0.132	0.151	0.039	0.053	0.104	0.319	0.319
	ΔR^2	0.025	0.078	0.029	0.019	0.039	0.014	0.052	0.214	0.001
	F	2.414*	8.558***	9.443***	9.437***	3.807**	4.16**	7.252***	24.837***	21.756***

在调节效应检验方面，本节绘制了调节效应图（如图5-2所示）。从图5-2中我们可以看出，当上下级关系质量较高时，责任型领导对建设性责任感知的影响显著（$\beta = 0.3246$，$p < 0.001$），而上下级关系质量较低时，责任型领导对建设性责任感知的影响低于高质量上下级关系，但结果仍显著（$\beta = 0.1147$，$p < 0.05$），假设5-5得到验证。

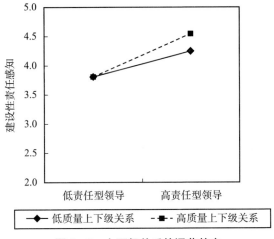

图5-2 上下级关系的调节效应

第五节　研究意义及展望

一、理论意义

1. 自变量（责任型领导）的理论意义

责任型领导代表一种积极、有道德和负责的领导风格，强调员工对组织和社会的责任感。研究证明责任型领导对建设性责任感知具有正向作用，这意味着责任型领导通过自身言行和行为规范，能够塑造员工对环保行为的态度、动机和规范感。这一发现对组织管理理论和实践具有重要意义，为提高员工的环保行为积极性提供了一种有效的领导策略。

2. 中介变量（建设性责任感知）的理论意义

建设性责任感知反映了员工对环保行为的认同和内部规范感，是实际行动前的一种心理状态。研究发现，建设性责任感知完全中介了责任型领导对员工环保组织公民行为的影响，即责任型领导通过影响员工的建设性责任感知来推动员工采取积极的环保行为。这一中介效应的发现丰富了社会认知理论，揭示了责任型领导对员工环保行为的影响机制，提供了理论依据和启示，有助于进一步理解员工行为的形成过程。

3. 调节变量（上下级关系）的理论意义

尽管我们发现了责任型领导和环保组织公民行为的影响效果是通过建设性责任感知这一中介变量进行传导，但是这还无法揭示不同情境下责任型领导如何影响建设性责任感知，因此，我们引入上下级关系这一调节变量，因为在中国组织中，上下级关系普遍存在。本研究发现，责任型领导与上下级关系的交互作用影响员工的建设性责任感知这一中介变量，那些有高质量上下级关系的员工更可能模仿与学习责任型领导，从而产生更高的建设性责任感知。因此，本研究对进一步论证中国情境下责任型领导与下属建立高质量上下级关系具有重要意义。研究证明，上下级关系质量越高，调节效应越好，即上下级关系能够增强责任型领导对员工建设性责任感知的影响，进而更有效地推动员工的环保组织公民行为。这一调节效应的发现拓展了责任型领导效果的研究范畴，并提醒组织管理者，在培养责任型领导的同时，应重视上下级关系的建立和管理，以进一步促进员工的环保行为。

综上所述，研究证明了责任型领导对员工环保组织公民行为的影响，以及其中的中介和调节机制，为理论和实践提供了重要的参考和指导。这一研究对组织行为学、领导理论和环境管理等领域具有重要的理论和实践价值。

二、管理启示

为了推动社会生态环境的改善，实现"青山绿水"的中国梦，企业应该走可持续发展的道路，承担社会责任，而领导与员工显然是这一理念最有效的实践者。本研究结论具有以下管理启示：首先，培养责任型领导是关键，企业和组织应该注重领导者的责任感和道德品质，通过培训和选拔等方式，提升领导者的责任型领导能力。这将有助于推动员工参与环保行为，实现企业的可持续发展。其次，重视建设性责任感知也十分重要，管理者应该关注员工的责任感知，通过组织文化建设和激励机制设计等手段，促进员工对环保行为的认同和内部规范感。这将激发员工积极参与环保行动，支持国家的环境保护政策。另外，强化上下级关系也能增强责任型领导对员工建设性责任感知的影响。因此，领导者应加强与下属的沟通和信任，建立良好的上下级关系，以增强责任型领导的影响力，推动员工参与环保组织公民行为。综上所述，组织管理者可以借鉴上述研究结果，通过培养责任型领导、重视建设性责任感知和强化上下级关系，推动员工参与环保行为，积极响应国家的环保政策，实现可持续发展的目标。同时，这也与中国政府提倡的"平等谦和、民主科学"的领导理念相契合，有助于构建一个更加环保和可持续的社会。

三、研究局限和未来展望

首先，本章的研究采用了国外情境下开发的责任型领导量表。尽管量表也得到了相关研究的验证，但中国文化背景下责任型领导的概念内涵、特征和结构还需要进一步探究。未来研究可以关注中国情境下的责任型领导文化根源、理论拓展与量表开发等。其次，虽然纳入上下级关系这一情境变量来考察责任型领导与环保组织公民行为之间的关系，但是员工的价值观、组织氛围等变量也可能会对这一关系有重要影响，未来研究可以考虑将这些变量加以控制。再次，本研究的数据主要来自员工的自我报告，不可避免地会带来同源方差，本研究在探究责任型领导对员工环保组织公民行为的影响时存在一些局限性。样本来源主要限于中国企业，可能存在文化背景和组织文化的局限性。最后，本研究采用的调查方法基于自我报告，可能受到信息偏差和记忆偏差等问题的影响。此外，数据收集也是在某一时间点进行的，无法考虑员工公民行为的长期影响。

未来的研究可以考虑在不同国家和不同类型的组织中进行跨文化研究，以验证结果的普遍性和适用性。同时，可以采用其他方法来验证研究结果，减少自我报告方法的局限性。此外，可以使用纵向研究的方法，跟踪员工公民行为的变化，更全面地了解责任型领导对他们的影响。进一步的研究可以考虑引入其他中介变量，如组织认同和领导支持，以更全面地探究责任型领导对员工公民行为的影响机制。同时，可以考虑其他调节变量，如组织文化和员工个人特征，以提高对这一关系的准确理解。

此外，将实证研究与理论研究相结合，可以进一步解释责任型领导对员工公民行为的影响机制，并为管理实践提供更好的指导。通过深入研究责任型领导的行为和效果，可以为组织提供更有效的管理策略，促进员工的环保意识和行为。未来研究在数据收集方面可以采用员工自我报告和领导报告相结合的方式，或者探讨两者是否有差异。

第六节 结 论

本章通过对 380 份员工数据进行分析，主要得出以下结论：在控制了性别、年龄、受教育程度和工作年限后，责任型领导对环保组织公民行为有显著的正向影响，另外，建设性责任感知完全中介了责任型领导与环保组织公民行为之间的关系，上下级关系正向调节责任型与建设性责任感知之间的关系，即责任型领导与建设性责任感知的关系在高上下级关系下会被加强。另外，上下级关系调节责任型领导通过建设性责任感知对环保组织公民行为的间接作用，具体而言，高质量上下级关系的员工会强化责任型领导通过建设性责任感知对环保组织公民行为的正向影响；低质量上下级关系员工则会弱化责任型领导通过建设性责任感知对环保组织公民行为的正向影响。

第六章　责任型领导与员工环保组织公民行为：基于情感事件理论视角

[本章导读]

本章主要研究的是责任型领导通过环保激情影响员工环保组织公民行为的机制问题。领导者的风格作为工作环境的重要组成部分对员工态度以及行为具有重要的影响。责任型领导者树立的道德榜样能否显著影响员工的环保组织公民行为，以及环保激情作为一种积极情感能否在二者之间起到中介作用？为回答上述问题，本研究以情感事件理论为背景，通过对513名企业员工的调查，探讨责任型领导、员工环保激情、员工环保组织公民行为之间的关系，以及检验环保激情在其中发挥的中介作用。结果发现：责任型领导与员工环保组织公民行为之间具有显著的正相关；责任型领导与环保激情之间具有显著的正相关；环保激情也与员工的环保组织公民行为正相关；环保激情在责任型领导和员工环保组织公民行为之间具有部分中介作用。

第一节　问题的提出

近年来，全球自然环境不断恶化和大众环保意识增强促使各个国家都将可持续发展作为获取竞争优势的战略选择。2021 年，美国政府推出了《迈向 2050 年净零排放的长期战略》，对美国的减排目标作出了长期规划；

欧盟公布的《绿色协议》（Green Deal），拉开了欧盟的绿色新政帷幕，其目的在于提高可持续竞争力的创新和绿色发展；日本、巴西等国也从平衡经济、社会和环境关系出发提高能源利用效率。在中国，《新时代的中国绿色发展》使得可持续发展理念和实践经验深入人心，环境保护、资源节约以及绿色发展已经成为全社会的共识。在当前全球对可持续发展的迫切需求下，企业将绿色发展理念融入相关战略决策是大势所趋（Moore and Manring，2009）。对于企业而言，一方面为了应对政府、环保组织、消费者等相关利益方的环保压力，另一方面为了获取持续的竞争优势、树立良好的社会形象、降低成本，绿色发展成为其谋求可持续发展的战略选择。员工的环保组织公民行为指的是由个体采取的旨在保护环境、促进可持续发展的行动和举措（Boiral and Paillé，2012）。这些行为通常旨在减少对自然资源的过度利用、减缓气候变化、保护生物多样性以及减少对环境的负面影响，包括垃圾的分类和回收、节水行动、可持续消费、低碳出行等（Bashirun et al.，2019）。员工的绿色环保行为不仅有助于减少组织内部的资源浪费、降低运营成本以及提高企业的社会责任形象，而且影响着企业在当前复杂环境中后续发展转型的能力。因此，对员工的环保行为的诱发前因及其形成机制进行研究至关重要。在企业的可持续管理中，企业往往更多注重战略与环境规制等方面，对员工的环保主动性行为关注较少（Chen et al.，2015）。一方面，员工是企业中非常重要的利益相关者，企业的环保行为极大地依赖于员工的参与和执行；另一方面，员工个体的人际互动也有助于促进宏观层面的可持续管理。企业要想实现更好的环境管理绩效就需要充分发挥人力资源的主动性和积极性（蔺琳，2014），尤其是要关注那些自愿、不受正式制度奖励的环保行为，例如，员工提出有针对性地解决环境问题的建议、节约资源等（Boiral et al.，2009）。在组织中，领导拥有权威和影响力，他们在影响员工日常行为和理念中扮演着重要角色（Cartwright，2013）。那些关注环保的领导风格可以改善员工的环保态度，引导员工积极参与到组织环境管理中来，同时组织的整体情境也向员工提供了一种环保支持的信号，这种信号也会促使员工改变对环保的态度，进而表现出更多的环保行为。因此，在企业的环境管理中，领导者以及组织情境对员工环保行为具有重要的刺激作用（Robertson and Barling，2013；Omarova and Jo，2022）。

在有关企业环境管理的研究中，学者们一直从战略和运营层面关注企业环保行为的学术研究，却忽视了企业员工环保行为的基础价值（Han et al.，2019）。企业的环保制度与政策在很大程度上取决于员工的参与与执行，相关研究证实了员工对于企业可持续管理具有重要作用（Raineri and Paillé，2016）。因此，有必要从员工层面来研究环保行为，尤其是如何调动员工环保行为的主动性。一部分学者开始研究环保组织公民行为的影响因素，如员工感知到的组织支持、员工环保自我担当、组织层次的企业环保措施、企业环保忧虑和企业环保态度等。其中，领导者作为连接组织与员工的重要纽带，其领导行为深刻影响下属的环保组织公民行为（Robertson and Barling，2013）。已有越来越多的研究开始关注领导风格对员工环保行为的影响。牛晨晨（2021）从自我决定理论的视角证实了悖论式领导对员工环保组织公民行为具有显著的正向影响。文荆警（2020）研究认为当员工感知到道德型领导积极正向的行为，出于模仿学习榜样的目的，会被激励去参与组织环保活动。阿夫萨尔等（Afsar et al.，2015）发现精神型领导会促进员工的环保热情，环保热情有助于激发亲环境行为。张佳良和袁艺玮等（2018）研究证实了伦理型领导正向影响员工的环保组织公民行为。格雷夫斯等（2013）基于自我决定理论，讨论了环境变革型领导如何通过内在动机和外在动机作用于员工的亲环境行为。田虹（2020）依据计划行为理论，进一步探究了环境变革型领导对环境组织公民行为的影响。此外，变革型领导风格以及责任型领导风格都被发现与员工的环保行为相关（Graves，2013；邢璐，2017）。

从相关的研究来看，上述领导行为主要在企业内部通过上下级关系的互动来影响员工环保行为，是基于领导—下属的二元视角，忽视了与企业的其他利益相关者的互动。员工的环保组织公民行为作为一种角色外行为，其根本目的在于通过提升企业的环保绩效来改善社会生态环境，因此探讨领导行为对员工环保行为的影响时，需要考虑各种利益相关者的作用，而责任型领导恰恰就是一种关注企业和其他利益相关者群体利益的领导行为。责任型领导将领导力和社会责任相结合，考虑企业员工在内的众多利益相关者利益，力图实现经济效益、社会效益和生态效益相结合，这与员工环保组织公民行为的思想不谋而合（Doh and Quigley，2014）。因此责任型领导能够有效激发员工实施环保行为的责任感和激情，从而表现出更多的环保行为。而责任型领导是如何影响员工环保组织公民行为的？又是通过怎样的路径和作用机制影响？根据情感事件理论，情感反应在工作事件与个体态度和行为之间发挥中介作用，领导风格作为一种工作环境特征，可以引起员工产生积极情感反应，例如产生更多环保激情（Robertson and Barling，2013）。这为领导风格对员工的环保组织公民行为的作用机制提供了一条重要的研究线索。本研究旨在从情感事件理论视角出发，探讨责任型领导对员工环保组织公民行为的影响以及论证环保激情在二者之间的中介作用。

第二节 理论基础与假设

一、情感事件理论

20 世纪末，霍华德·M. 魏斯和拉塞尔·克罗潘扎诺（Howard M. Weiss and Russell Cropanzano，1996）提出了探讨员工在工作中所经历的情感时间、态度和行为之间关系的理论，即情感事件理论（affective events theory，AET）。情感事件理论描述了组织成员在工作场所中因为工作事件的发生而产生的情感反应，以及所引起的个体态度和行为等一系列结果变化的逻辑链条。它关注的是特定工作事件如何通过员工的情感反应影响其态度和行为。该理论认为，员工的情感反应是由工作中的特定事件触发的，这些情感反应进一步影响员工的工作满意度、建言行为以及反生产行为等。此外，情感事件理论还区分了情感反应与工作满意度之间的差异，并提出了情感驱动型和判断驱动型两类不同性质的行为。情感事件理论的应用范围非常广泛，不仅可以用于解释个体在组织中的情感反应，还可以扩展到群体性事件中，如网络公共事件的情感动员、舆情事件中的情感作用以及群体性事件的情感逻辑。这些研究表明，情感在群体性事件中起着核心作用，不仅能够引发情感宣泄和情感管理，还能影响事件的发生和演进过程。

情感事件理论可以从多个角度解释员工在群体性事件中的行为变化。根据情绪演变的研究，情绪累积、传染、认同以及诱致事件的激发都是影响群体行动的关键因素。这些因素在群体性事件中尤为显著，因为它们直接关联到员工的情绪状态和行为表现。在组织中，稳定的工作环境特征会导致一些积极或者消极的工作事件，当个体体验到这些积极或消极的工作事件，又会激发他们的情感反应，情感反应又进一步影响个体态度和行为（Frijda et al.，1993）。情感事件理论遵循"工作事件—情感反应—工作态度与行为"这一过程。情感事件理论的主要内容包括以下方面。

（一）情感反应

情感事件理论认为，情感反应主要包括心境和情绪。心境是指强度比较低但持续时间较长的情感，它是一种微弱、平静和持久的情感状态，并不是个体关于某一特定事物的具体感觉，而是以同样的态度体验对待一切事物，没有明确的诱因（Wierzbicka，1992），比如有一天某个员工可能仅仅是因为天气好而心境好，并没有任何工作事件的影响；情绪是指强度比较高但持续时间较短的情感，情绪与工作事件相关，比如员工被领导赞赏或批评，进而产生愉悦或挫败的情绪反应。

（二）工作环境特征与工作事件

情感事件理论认为工作环境特征具有重要作用，它或多或少通过工作事件来影响情感体验。工作环境包括工作自主性、职业晋升机会、公司薪酬与福利和领导风格等（Rad et al.，2006）。工作环境特征与工作事件的主要区别在于持续时间、发生频率和可预测性方面，但是两者是可以相互转化的，比如公司因为一个大订单导致业绩增长而奖励员工，这被看作工作事件。工作事件可以分成麻烦与令人振奋的事件两种，麻烦与消极情绪相关并阻碍工作目标的实现，而令人振奋的事件与积极情感相关可以促进工作目标的实现。

（三）情感反应影响行为路径

情感事件理论认为，情感反应通过两种路径影响行为：一是情感—驱动行为。这是指由情感直接影响行为，这类行为不涉及情感与满意度等态度之间的关系，比如员工在工作中被领导批评后产生消极情感反应，第二天上班产生消极怠工情绪，情感—驱动行为持续时间相对较短并且不断变化；二是判断—驱动行为。这类行为是指情感反应通过员工态度影响行为，一般来说，员工通过对工作事件进行整体判断后产生积极或消极的情感反应，然后再影响员工的态度并驱动行为，这类行为持续时间较长，并且变化较小，比如员工在工作中长期感知到消极的情绪，这种消极情绪不断积累而影响员工工作满意度、组织承诺等态度，经过员工长期的判断与思考，最终作出离职的决定。

情感事件理论可以很好地解释组织中的个体情感反应的影响机制。组织中的工作环境特征可以导致积极或者消极的工作事件发生，这些工作事件会引发个体的情感反应，情感反应又影响个体态度与行为。情感事件理论在解释工作环境与员工态度以及行为之间的关系具有非常重要的作用（Ashkanasy et al.，2002）。领导风格是组织工作环境特征的重要组成部分，不同领导风格会导致不同的积极或消极工作事件，引发员工情感反应，并最终影响员工态度与行为。领导风格作为一种情感事件，对员工环保行为有重要影响。其影响主要体现在以下几个方面：（1）情感共鸣和认同：领导可以通过情感事件与员工共享环保价值观，表达对环保行为的支持和认同，激发员工对环境保护的情感共鸣和个人认同。（2）增强员工动机：通过情感事件，领导可以调动员工的情感激励，激发他们对环保行为的积极性和动机。例如，通过故事分享、感人的演讲、环保活动参与等方式，让员工产生参与环保行为的乐趣和价值感。（3）建立正面情感关联：领导的情感事件可以创建和促进与环保行为有关的正面情感关联。通过鼓励员工分享环保理念、提供积极的反馈和奖励，领导可以将环保行为与员工的正面情感联系起来，增强他们对环保行为的倾向和意愿。（4）营造工作氛围：领导通过情感事件可以营造积极的工作氛围，将环保行为融入工作文化和团队价值观。通过情感事件传递环保行为的重要性，营造支持和鼓励员工参与环保的氛围。综上所述，在领导风格对员工环保行为的影响中，情感事件理论强调领导与员工之间的情感互动和沟通，通过共享价值观、激发动机、创建情感关联和营造工作氛围，影响员工对环境保护的行为和态度。

二、责任型领导与员工环保组织公民行为的关系

在组织中，员工在工作场所实践环保行为必然受到组织情境的影响，领导行为通过与下属的互动影响下属的态度和行为，因此，领导行为对环保组织公民行为有重要的影响。责任型领导不仅关注人与社会，同时也将生态环境作为重要的利益相关者来考虑。责任型领导主要采取行善和避害两种责任行为。其中，行善行为体现了领导者规范性道德要求，如关注员工健康、关注社区环保、慈善等；避害行为是领导者的禁止性道德的体现，如保证食品安全、抵制腐败行为、避免环境污染。责任型领导追求人与自然的和谐，这与员工环保组织公民行为保护生态环境的理念一致。

根据社会交换理论，在组织中，员工与领导之间会进行频繁的社会交换，责任型领导将员工作为最重要的利益相关者之一，因此，在领导与员工的互动中，责任型领导常常关心、支持并信任下属，同时也给予那些与其有高质量交换关系的员工更多的奖励，当员工感受责任型领导的支持时，根据社会交换的"互惠原则"，会更多地实施组织公民行为，当责任型领导关注环保方面的工作时，同样员工也会通过实施环保组织公民行为来回报领导者和组织。已有相关研究发现，责任型领导会显著影响员工的组织公民行为。一方面责任型领导树立道德榜样，促使员工关注环保问题，激发员工环保动机，促进员工主动实施环保行为。研究发现，伦理型领导可以提升员工的环保组织公民行为（Gerpott et al.，2019）；另一方面，责任型领导关注组织内外更广泛的利益相关者利益，积极履行社会责任，有助于提高员工社会责任感，促进员工主动参加社会责任活动，从而

提升员工环保组织公民行为意愿。

从现有研究来看，鲜有学者探讨责任型领导与员工环保组织公民行为的关系。蔺琳（2014）从社会认知理论的视角探讨了辱虐管理对环保组织公民行为的影响，认为辱虐管理通过责任感知和积极情绪这两种心理机制对环保组织公民行为产生影响。有研究发现环保变革型领导通过环保工作投入和环保倦怠来影响员工环保组织公民行为（Althnayan et al.，2022）。责任型领导将领导者伦理与企业社会责任结合起来，关注利益相关者利益，力图实现人与社会、环境的和谐相处，因此责任型领导既包含了对自然的伦理价值，也体现了企业的社会责任。相关研究发现责任型领导提高了员工的绿色行为，员工的环保组织公民行为体现了员工主动实施的绿色行为，同时责任型领导也通过提高员工的责任感来促进员工实施更多组织公民行为。因此责任型领导作为一种重要的组织情境对员工的主动行为产生影响，当员工感知到责任型领导对环保的关注时，员工也会受到影响实施更多环保组织行为。

综上所述，本研究认为责任型领导关注生态环境，寻求人与自然的平衡，践行企业社会责任，提高对员工的环保支持，从而促进员工从事环保组织公民行为。因此，提出以下假设：

假设6-1：责任型领导对员工环保组织公民行为具有正向影响。

三、责任型领导与环保激情的关系

员工环保激情反映了员工参加环保活动、实施环保行为的意愿，是一种积极情绪。根据情感事件理论，领导风格是一种工作特征环境的重要组成部分，这种工作环境特征通过积极工作事件影响员工情感反应，从而影响员工态度与行为，环保激情是一种积极情感，受到组织积极工作事件的影响。因此，本研究认为责任型领导可能会促进员工的环保激情。

首先，个体更容易对一些有社会重要性的事物产生激情。责任型领导关注各利益相关者的利益，追求人、社会与环境的平衡，员工在与责任型领导的互动中，感知到责任型领导行为是对社会有重大意义的领导行为。

责任型领导提出环境管理目标，鼓励员工参加环保活动，并让员工参与相关环境管理决策，这些行为让员工感受自我正在从事一项对社会有重大意义的活动，并感受到自我对于环境可持续实践的贡献，因此，员工会对环保行为更有激情。

其次，责任型领导可以降低员工在工作场所的失落感，满足员工受到尊重的需求，从而提升工作激情。博赫纳（Bochner，1997）认为，人们花大量的时间在工作场所，常常会感到失落与孤独。责任型领导关注员工的需求，将员工作为重要的利益相关者，并且让员工参与到决策中去，满足员工自主性的需求。同时，责任型领导关注众多利益相关者的利益，关注人、社会与自然的和谐统一，会让员工感受到与社会的关联，减少孤独感。因此，责任型领导能够激发员工的积极情绪，提高环保激情。

最后，责任型领导关注环保问题，帮助企业制定环保目标和环保制度。企业为员工提供环保知识培训，帮助员工完成企业环境管理目标，支持员工参与组织环境管理，指导员工理解自身行为对环境的影响，企业这些行为往往更多需要责任型领导来完成，因此，责任型领导可以帮助员工更深刻地理解环保问题，从而激发员工环保激情。

综上所述，责任型领导可以让员工感受到环保战略、组织的环保目标以及帮助员工参与组织的环境管理，进而促进员工在环保实践中的积极情绪，提高员工环保激情。罗伯特森和巴林（Roberstson and Barling，2013）研究发现，环保变革型领导风格以及领导者的环保行为促进了员工的环保激情。另外，国内学者王乾宇和彭坚（2018）通过实证研究发现，CEO 的环保变革型领导风格促进了高管团队的环保激情气氛。比拉尔（Bilal，2016）研究发现，精神型领导通过工作场所精神增强了员工对工作的激情，当这项工作为环保工作时，就会提高员工的环保激情。因此，本研究认为责任型领导会提高员工的环保激情。因此，提出以下假设：

假设 6 - 2：责任型领导对环保激情有正向影响。

四、环保激情与员工环保组织公民行为的关系

环保激情是一种积极的情绪，促使个人想要实施有利于环境的行为。

作为一种想要从事环境管理行为的主观愿望，环保激情可以促进员工实施环保组织公民行为。古斯—勒萨尔德（Gousse-Lessard et al.，2013）认为，当涉及诸如环保这种有意义的活动时，激情会导致承诺和改变。激情会让员工体验积极情绪，比如，快乐和骄傲，引导人们参与主流行为。同时，一个对环保有激情的人会把自己定义为一个环保主义者或生态公民，而不仅仅是一个时不时回收垃圾的人。员工的这种自我认同会促进他实施有利于环保的行为（Whitmarsh et al.，2010），比如环保组织公民行为。

环保激情同时也反映了一种员工对于环保的态度，是员工的一种对自然的伦理态度和环保倾向。当员工具有较高环保激情时，更容易关注生态环境和社会责任，更愿意从事一些有利于环境的行为。相关研究发现，环保激情可以促进员工实施绿色行为。因此，本研究认为环保激情可以提升员工参与环保行为的愉悦感，改善员工对于环保的态度，从而促进员工主动实施环保组织公民行为。因此，提出以下假设：

假设6-3：环保激情对环保组织公民行为有正向影响。

五、环保激情在责任型领导与员工环保组织公民行为之间的中介关系

结合上述假设，本研究认为环保激情可能中介了责任型领导与环保组织公民行为之间的关系。根据情感事件理论，情感反应在工作事件与个体态度和行为之间发挥中介作用。工作特征环境通过不同的工作事件激发员工不同的情感反应，积极的工作事件引发积极情感，从而激发员工实施更多积极主动行为。

对下属来说，领导风格是一种工作环境特征，他会引发积极的工作事件。责任型领导注重与组织内外的利益相关者构建一种符合规范的和谐关系，而员工是最为典型的利益相关者。责任型领导在管理下属时，会确保雇佣实践符合伦理标准，并塑造一种平等、民主和安全的工作环境，注重员工职业发展、工作激情以及工作—家庭冲突等方面的问题，这些管理实践形成了特定的工作事件，根据情感事件，这些工作事件会激活员工的积

极情感反应，比如产生更多环保激情。邢璐等（2017）研究发现，责任型领导促进员工积极情绪的产生，而环保激情是一种积极情绪，因此，本研究认为责任型领导这种工作情境会促进环保激情（情感反应）这种积极情绪的产生。根据一些学者的实证研究发现，相关的领导风格，比如环保变革型领导促进了员工环保激情的产生。

根据情感事件理论，当员工情感反应被激活后会影响个体的态度和行为。因此，那些有较高环保激情的员工更愿意关心组织的环保战略和目标，积极参加组织环境管理活动，支持组织在环保方面的人力资源管理实践。一方面，环保激情让员工感受到自己对生态环境的关注，在环保实践中体验快乐与骄傲的情绪；另一方面，环保激情反映了员工对于生态环境与社会责任的伦理态度和环保倾向。因此，本研究认为，责任型领导会激发员工的环保激情，从而促进员工从事环保组织公民行为。因此，提出以下假设：

假设6-4：环保激情在责任型领导与员工环保组织公民行为之间起中介作用。

综上所述，本研究的框架模型如图6-1所示。

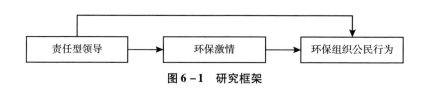

图6-1　研究框架

第三节　数据分析与结果

一、样本与数据收集

本研究采用问卷调查法对相关构念进行测量。问卷调查法是一种基于特定样本进行信息收集的方法，其主要目的是得出关于样本总体的定量化描述（Groves et al.，2007）。本研究需要获取责任型领导、环保激情和环保组织公民行为有关的测量数据，因为不属于公开数据，因此需要通过问卷调查收集。为了获取最有效、真实的数据，保证问卷数据收集的质量，我们在文献阅读的基础上，在调查问卷的设计过程中遵循了以下原则：（1）使用被验证过的成熟量表。（2）采用5点计分的间隔法尺度（李克特尺度）。（3）使用封闭式问题。

为了避免"系统误差"，样本数据尽量是随机的，显然，选择的调查对象越随机，系统误差就越小，结果就越可能代表整体。但是在实际情况中，我们很难确定数据的随机性。本研究问卷调查对象为企业员工，由于研究条件的限制，我们采用"滚雪球抽样"法。该方法是一种概率抽样和随机抽样相结合的方法。首先我们将问卷通过网络和邮件方式发给第一批被调查者，然后这些被调查者又将问卷发给符合条件的其他人员。

本研究采用网络问卷和微信问卷的形式收集数据，问卷发放对象主要为华东地区相关企业员工，企业涉及制造业、金融、互联网等多种类型。总共发放了550份问卷，收回520份，回收率为94.54%；通过对问卷情况的整理与筛选，剔除了明显答题时间较短的问卷等，最终得到513份有效问卷，有效率为98.65%。本调查问卷符合基本统计要求。本研究在问卷调查中获取了有关被调查对象的性别、年龄、工作年限和受教育程度等基本信息。这些基本特征如表6-1所示。

表6-1　　　　　　　　　　样本的描述性统计结果

调查项目		样本数量（份）	样本占比（%）
性别	男	244	47.6
	女	269	52.4
年龄	24岁及以下	3	0.6
	25~29岁	118	23.0
	30~39岁	241	47.0
	40~49岁	124	24.2
	50岁及以上	27	5.3

调查项目		样本数量（份）	样本占比（%）
工作年限	1 年以下	5	1.0
	1~5 年	108	21.1
	6~10 年	210	40.9
	11~20 年	125	24.4
	20 年以上	65	12.7
受教育程度	中专及以下	25	4.9
	大学专科	101	19.7
	大学本科	238	46.4
	硕士研究生	124	24.2
	博士研究生	25	4.9

二、测量工具

责任型领导采用福格林（2011）编制的 5 题项量表，包括 5 个题项，代表性题目有："我的上级会表明其意识到利益相关者的诉求""我的上级会充分考虑决策结果对利益相关者的影响""我的上级会让受影响的利益相关者参与到决策过程中"。邢璐（2017）在中国情境下对问卷信度进行了检验，其一致性信度系数为 0.92。由于问卷量表来自已发表的英文期刊论文，我们邀请了英语专业教师和组织行为与领导力方向的博士生对量表进行翻译和回译工作（back translation）。首先，由一名英语老师和博士生将英文量表翻译成中文量表，然后再由另外一名英语老师和博士生将中文量表翻译成英文量表，通过对比，调整中文语句使其在保证英文含义的情况下更加符合中文的表达方式，并最终形成责任型领导的中文量表（如表 6-2 所示）。

在问卷调查中，要求员工对感知到的领导行为进行打分，根据问卷设计原则，责任型领导问卷量表采用李克特 5 点计分方法，计分方式为："非常不同意""不同意""一般""同意""非常同意"，依次计 1~5 分。

在本研究中，其 α 系数为 0.826。

表 6 - 2 　　　　　　　　　　**责任型领导测量量表**

维度	序号	题项
单维	1	我的上级会表明其意识到利益相关者的诉求
	2	我的上级会充分考虑决策结果对利益相关者的影响
	3	我的上级会让受影响的利益相关者参与到决策过程中
	4	我的上级会在决策前权衡不同利益相关者的诉求
	5	我的上级会促使受影响的利益相关者达成统一的结果

环保激情采用罗伯特森和巴林（2013）编制的量表，该量表被学者们广泛运用（Afsar and Badir, 2016）。量表包括 10 个题项，代表性题项有："我对环保充满热情""我喜欢实践环保行为""我喜欢实施环保行为"。该量表发表在国际顶级期刊 *Journal of Organizational Behavior*，具有较高的权威性。在问卷调查中，要求员工对自我的环保激情感受进行打分，根据问卷设计原则，环保激情问卷量表采用李克特 5 点计分方法，计分方式为："非常不同意""不同意""一般""同意""非常同意"，依次计 1 ~ 5 分。在本研究中，其一致性信度系数为 0.877。问卷量表如表 6 - 3 所示。

表 6 - 3 　　　　　　　　　　**环保激情测量量表**

维度	序号	题项
单维	1	我对环保充满激情
	2	我喜欢实践环保行为
	3	我喜欢实施环保行为
	4	我为帮助环保而感到自豪

维度	题项	测量条目
单维	5	我积极地与其他人讨论环境问题
	6	我从保护环境中获得乐趣
	7	我热情地鼓励其他人对环境更负责任
	8	我是一个环保团体的志愿成员
	9	我自愿捐出时间或金钱，以某种方式帮助环境
	10	我强烈地感受到我的环保价值观

　　环保组织公民行为采用波拉尔和派尔（2012）编制的量表，包括 10 个题项，代表性题项有："我在开展工作之前会权衡自己的行为是否有利于环境保护""在我的日常工作中，我实施开展环保行为和举措""我会给同事提出保护环境的建议，即使这不是我的责任"。该量表被中外学者验证过具有良好的信度。问卷量表如表 6 - 4 所示。

　　在问卷调查中，要求员工对自身从事环保组织公民行为意向进行打分，根据问卷设计原则，环保组织公民行为问卷量表采用李克特 5 点计分方法，计分方式为："非常不同意""不同意""一般""同意""非常同意"，依次计 1 ~ 5 分。在本研究中，其一致性信度系数为 0.872。

表 6 - 4　　　　　　　　　环保组织公民行为测量量表

维度	序号	题项
单维	1	我在开展工作之前会权衡自己的行为是否有利于环境保护
	2	在我的日常工作中，我自愿实施环保行为和举措
	3	我会给同事提出保护环境的建议，即使这不是我的责任
	4	我积极参与企业组织的环保活动
	5	我保持了解我所在企业的环保措施
	6	我从事有利于企业积极形象的环保行动

维度	序号	题项
单维	7	我自愿承担我所在企业有关环境问题的各种项目
	8	我不由自主地帮助同事在工作中考虑环境问题
	9	我鼓励我的同事采用更有环境意识的行为
	10	我鼓励我的同事表达他们对环境问题的想法和意见

三、数据处理

本研究主要利用 APSS 26 以及 AMOS21.0 软件进行数据处理，以进行问卷的信效度分析、描述性统计分析、验证性因子分析、共同方法偏差分析、因子模型拟合以及层级回归分析等。首先，利用 SPSS26.0 进行巴特利特球形检验和 KMO 值计算，巴特利特球形检验问卷中各项目间是否独立，其显著性可用来判断是否拒绝零假设，即各项目间是否相互独立。KMO 值用于评估样本是否适合进行因子分析。KMO 值的范围在 0 到 1 之间，KMO 值越接近 1，样本越适合进行因子分析。其次，利用 SPSS26.0 进行描述性统计分析，描述各变量的基本统计特性，如均值、标准差等，为后续分析提供基础数据。再次，采用哈曼单因素检验共同方法偏差，利用 SPSS21.0 进行一系列验证性因素分析检验（估计方法为稳健最大似然法，ML）评估变量测量之间的区分效度。利用 APSS 26 对变量间的相关性进行分析以及行层级回归分析，检验责任型领导对环保激情和环保组织公民行为的正向影响。最后，本研究采用偏差矫正的 Bootstrap 方法，抽取 5000 次 Bootstrap 样本以检验环保激情的中介作用，以责任型领导为自变量，环保组织公民行为为因变量，分析环保激情在责任型领导与环保组织公民行为之间的中介作用。

四、量表的信度和效度分析

在组织与管理研究中，学者们常常使用克隆巴赫 α 系数作为检验量表信度的标准。本研究采用克隆巴赫 α 系数作为评价信度的指标。一般而言，内部一致性判断标准为：α 系数应该在 0.7 以上，对于探索性研究要求至少在 0.5 以上，而应用研究则要求在 0.9 以上。效度即问卷的有效性，是反映问卷能否准确测量出所需测量事物的指标。效度检验总共分为两步：（1）首先运用 SPSS26.0 计算问卷的巴特利特球形检验值和 KMO 值，来判断样本数据是否能作因子分析，如果 KMO 大于 0.7，则比较适合做因子分析；巴特利特球形检验值是用于检测问项间相关系数是否显著的指标，如果显著（sig. <0.05），是适合做因子分析。（2）运用因子分析法来测量问卷的结构效度，用累积贡献率来反映，若其达到 60% 以上表示共同因素对应的累积有效程度是可靠的。

1. 责任型领导的信度与效度分析

首先，对责任型领导进行可信度检验，结果如表 6-5 所示。表 6-5 中，每个题项的纠正条款总相关系数（CITC）均大于 0.3，各显变量的条款删除之后的克隆巴赫 α 系数均大于 0.5，整个量表的克隆巴赫 α 系数也大于 0.6，这表明责任型领导的量表具有较好的信度。

表 6-5　　　　　　　责任型领导的信度检验（N=513）

变量	题项	CITC	删除该题项后的克隆巴赫 α 系数	变量的克隆巴赫 α 系数
责任型领导	1	0.628	0.790	0.826
	2	0.614	0.794	
	3	0.635	0.788	
	4	0.597	0.799	
	5	0.635	0.788	

其次，为了检验量表是否适合进行因子分析，本研究对量表进行 KMO 样本充足度测试和巴特利特球形检验（如表 6-6 所示）。一般而言，KMO 值越接近 1，表示越适合进行因子分析，当 KMO 在 0.9 以上时，说明量表

非常适合做因子分析；当 $0.8 \leqslant KMO < 0.9$ 时，说明量表适合进行因子分析；当 $0.7 \leqslant KMO < 0.8$ 时，说明量表可以进行因子分析；如果 KMO 值在 0.6 以下说明不太适合做因子分析。

表6-6　　　　　责任型领导量表的 KMO 和巴特利特球形检验

KMO 值	近似卡方	自由度	显著性检验
0.831	841.706	10	0.000

最后，采用主成分分析法对责任型领导进行探索性因子分析，结果如表6-7所示，提取了1个特征值大于1的因子，该量表因子的总方差解释量为59.033%，大于50%，可接受，表明测量问卷具有较好的效度。

表6-7　　　　　　责任型领导因子分析的解释总方差

成分	初始特征值			提取平方和载入		
	累积%	合计	方差%	累积%	合计	方差%
责任型领导1	2.952	59.033	59.033	2.952	59.033	59.033
责任型领导2	0.613	12.265	71.298			
责任型领导3	0.554	11.086	82.384			
责任型领导4	0.494	9.89	92.274			
责任型领导5	0.386	7.726	100			

2. 环保激情的信度与效度分析

首先，对员工的环保激情进行可信度检验，结果如表6-8所示。表6-8中，每个题项的纠正条款总相关系数（CITC）均大于0.3，各显变量的条款删除之后的克隆巴赫 α 系数均大于0.5，整个量表的克隆巴赫 α 系数也大于0.6，这表明环保激情的量表具有较好的信度。

表 6 - 8　　　　　　　　　员工环保激情的信度检验（N = 513）

变量	题项	CITC	删除该题项后的克隆巴赫 α 系数	变量的克隆巴赫 α 系数
环保激情	1	0.591	0.866	0.877
	2	0.571	0.867	
	3	0.640	0.862	
	4	0.577	0.867	
	5	0.617	0.864	
	6	0.626	0.863	
	7	0.622	0.863	
	8	0.579	0.868	
	9	0.598	0.865	
	10	0.595	0.866	

其次，对员工环保激情量表进行 KMO 和巴特利特球形检验，结果如 6 - 9 所示。一般而言，只有当 KMO 值超过 0.7 并且巴特利特球形检验的显著性小于 0.05 时，量表的数据才适合进行因子分析。结果如表 6 - 9 所示，环保激情的 10 个测量题项的近似卡方为 1869.173，自由度为 45，KMO 值为 0.918，高于标准 0.7，巴特利特球形检验的显著水平（p < 0.001），这说明环保激情的样本数据适合做探索性因子分析。

表 6 - 9　　　　　环保激情量表的 KMO 和巴特利特球形检验

KMO 值	近似卡方	自由度	显著性检验
0.918	1869.173	45	0.000

最后，采用主成分分析法对环保激情进行探索性因子分析，结果如表 6 - 10 所示，提取了 1 个特征值大于 1 的因子，该量表因子的总方差解释量为 47.675%，大于 40% 的接受标准，可接受，表明测量问卷具有较好的效度。

表6–10　　　　　　　　　　　环保激情因子分析的解释总方差

成分	初始特征值			提取平方和载入		
	累积%	合计	方差%	累积%	合计	方差%
环保激情1	4.767	47.675	47.675	4.767	47.675	47.675
环保激情2	0.995	9.947	57.621			
环保激情3	0.75	7.497	65.119			
环保激情4	0.641	6.412	71.531			
环保激情5	0.561	5.615	77.146			
环保激情6	0.515	5.146	82.292			
环保激情7	0.474	4.743	87.034			
环保激情8	0.442	4.417	91.451			
环保激情9	0.433	4.328	95.779			
环保激情10	0.422	4.221	100			

3. 环保组织公民行为的信度与效度分析

首先，对环保组织公民行为进行可信度检验，结果如表6–11所示。表6–11中，每个题项的纠正条款总相关系数（CITC）均大于0.3，各显变量的条款删除之后的克隆巴赫α系数均大于0.5，整个量表的克隆巴赫α系数也大于0.6，这表明环保组织公民行为的量表具有较好的信度。

表6–11　　　　　　　　环保组织公民的信度检验（N=513）

变量	题项	CITC	删除该题项后的克隆巴赫α系数	变量的克隆巴赫α系数
环保组织公民行为	1	0.607	0.859	0.872
	2	0.564	0.862	
	3	0.586	0.86	
	4	0.602	0.859	
	5	0.606	0.859	
	6	0.611	0.859	

续表

变量	题项	CITC	删除该题项后的 克隆巴赫 α 系数	变量的 克隆巴赫 α 系数
环保组织公民行为	7	0.573	0.861	0.872
	8	0.601	0.859	
	9	0.547	0.863	
	10	0.615	0.858	

其次，对环保组织公民行为量表进行 KMO 和巴特利特球形检验，结果如表 6 – 12 所示，环保组织公民行为的 10 个测量题项的近似卡方为 1745.692，自由度为 45，KMO 值为 0.904，高于标准 0.7，巴特利特球形检验的显著水平（p < 0.001），这说明环保组织公民行为的样本数据适合做探索性因子分析。

表 6 – 12　　　环保组织公民行为量表的 KMO 和巴特利特球形检验

KMO 值	近似卡方	自由度	显著性检验
0.904	1745.692	45	0.000

最后，采用主成分分析法对环保组织公民行为进行探索性因子分析，结果如表 6 – 13 所示，提取了 1 个特征值大于 1 的因子，该量表因子的总方差解释量为 46.592%，大于 40% 的接受标准，可接受，表明测量问卷具有较好的效度。

表 6 – 13　　　　　环保组织公民行为因子分析的解释总方差

成分	初始特征值			提取平方和载入		
	累积%	合计	方差%	累积%	合计	方差%
环保组织公民行为 1	4.659	46.592	46.592	4.659	46.592	46.592
环保组织公民行为 2	0.845	8.445	55.037			

续表

成分	初始特征值			提取平方和载入		
	累积%	合计	方差%	累积%	合计	方差%
环保组织公民行为3	0.736	7.365	62.402			
环保组织公民行为4	0.673	6.726	69.128			
环保组织公民行为5	0.645	6.447	75.575			
环保组织公民行为6	0.574	5.741	81.316			
环保组织公民行为7	0.54	5.399	86.715			
环保组织公民行为8	0.517	5.174	91.889			
环保组织公民行为9	0.476	4.76	96.649			
环保组织公民行为10	0.335	3.351	100			

第四节 研究结果

一、描述性统计检验

表6-14报告了本研究涉及变量的均值、标准差及变量间的相关系数。数据为我们提出的假设提供了初步的支持。

表6-14　　　　　　　描述性统计结果（N=513）

变量	均值	标准差	1	2	3	4	5	6
性别	1.52	0.5						
年龄	3.11	0.834	-0.184**					
工作年限	3.27	0.965	-0.222**	0.744**				
受教育程度	3.04	0.91	-0.073	0.266**	0.247**			
责任型领导	3.931	0.602	0.04	-0.121**	-0.130**	0.069		

续表

变量	均值	标准差	1	2	3	4	5	6
环保激情	4.106	0.467	0.073	-0.074	-0.119**	0.031	0.534**	
环保组织公民行为	4.082	0.475	-0.009	0.019	0.015	0.04	0.610**	0.697**

注：**表示 p<0.01。

根据表 6 - 14 可以发现，年龄和性别显著负相关（r = -0.184，p <0.01），工作年限和性别显著负相关（r = -0.222，p <0.01），工作年限和年龄显著正相关（r =0.744，p <0.01），受教育程度和年龄显著正相关（r =0.266，p <0.01），受教育程度和工作年限显著正相关（r =0.247，p <0.01），责任型领导和年龄显著负相关（r = -0.121，p <0.01），责任型领导和工作年限显著负相关（r = -0.130，p <0.01），环保激情和工作年限显著负相关（r = -0.119，p <0.01），责任型领导和环保激情显著正相关（r =0.534，p <0.01），即责任型领导越强，员工实施环保行为的意愿越高，初步验证了假设 6 - 2；环保激情和环保组织公民行为显著正相关（r =0.697，p <0.01），即员工的环保激情越高，员工环保行为发生的概率越大，初步验证了假设 6 - 3；责任型领导和环保组织公民行为显著正相关（r =0.610，p <0.01），即责任型领导越强，员工的环保组织公民行为发生的概率越大，该结论初步验证了假设 6 - 1。

由此可见，分析结果与研究假设基本一致。

二、共同方法偏差检验

本研究采用哈曼单因素检验共同方法偏差（Podsakoff et al.，2012），利用 SPSS26.0 统计分析软件进行因子分析，结果显示：总的方差解释量为55.243%，4 个特征值大于 1 的因子，并且，第一个因子解释的方差为37.656%，小于 50%。分析结果说明第一个因子对变异量的解释程度并不起主要作用，可见本研究中的共同偏差问题并不严重。

三、假设检验

本研究运用逐步回归分析法检验本章研究涉及的四个变量间的回归关系，进一步验证本章提出的假设（如表 6 - 15 所示）。

表 6 - 15　　　　　　　　回归分析统计表（N = 513）

解释变量		环保激情		环保组织公民行为		
		模型 1	模型 2	模型 3	模型 4	模型 5
控制变量	性别	0.051	0.044	- 0.005	- 0.013	- 0.037
	年龄	0.025	0.064	0.011	0.058	0.024
	工作年限	- 0.142	- 0.089	- 0.004	0.059	0.106
	受教育程度	0.063	0.002	0.038	- 0.034	- 0.035
自变量	责任型领导		0.529 ***		0.627 ***	0.347 **
中介变量	环保激情					0.529 **
	R^2	0.021	0.292	0.002	0.383	0.582
	ΔR^2	0.013	0.285	- 0.006	0.377	0.577
	F	2.691 *	41.760 ***	0.222	62.956 ***	117.191 ***

注：* 表示 $p < 0.05$，** 表示 $p < 0.01$，*** 表示 $p < 0.001$；回归系数为标准化回归系数。

从表 6 - 15 的模型 4 分析结果可知，在控制员工性别、年龄等人口统计学变量之后，责任型领导对环保组织公民行为有显著的正向影响（β = 0.627，$p < 0.001$），假设 6 - 1 得到验证。根据模型 2，在控制员工性别、年龄等人口统计学变量之后，责任型领导对环保激情具有显著正向影响（β = 0.529，$p < 0.001$），假设 6 - 2 得到验证。从模型 5 可以得出，在控制人口统计学变量后，环保激情对环保组织公民行为具有显著正向影响（β = 0.529，$p < 0.01$），假设 6 - 3 得到验证。

根据巴伦和肯尼（Baron and Kenny，1986）的中介效应检验程序，采用层级回归对环保激情的中介效应进行检验，结果如表 6 - 15 所示。首先，

模型4中，责任型领导对员工环保组织公民行为的回归系数显著（β =
0.627，p < 0.001）。其次，模型2中，责任型领导对环保激情的回归系数
显著（β = 0.529，p < 0.001）；模型5中，环保激情对员工环保组织公民
行为的回归系数显著（β = 0.529，p < 0.01）。最后，模型5中，把伦理型
领导和互动公平感同时加入员工创新行为的回归方程时，责任型领导的系
数显著并且降低（β = 0.347，p < 0.01），表明环保激情部分中介了责任型
领导对员工环保组织公民行为的作用，假设6 - 4 被验证。

第五节　研究意义与展望

一、研究理论意义

首先，本章深化责任型领导对员工主动性行为的研究。责任型领导作
为一种积极领导行为，可以通过与员工互动来影响其态度、认知，从而促
进员工行为的改变。学者们主要从社会交换、社会学习、社会信息加工等
视角来研究责任型领导对于员工的作用效果。有关责任型领导作用结果的
研究主要集中在对员工的工作态度与角色内行为方面，鲜有研究责任型领
导对员工主动行为与角色外行为的作用结果。责任型领导追求人、社会与
环境的协调统一，将员工作为重要的利益相关者，所以责任型领导会通过
感性和理性路径影响员工绿色行为（邢璐，2017）。此外，学者们也开始
探索责任型领导对员工主动行为的研究，指出责任型领导从责任感知与下
属依赖两种途径作用于员工组织公民行为（郭亿馨和苏勇，2018）。本研
究从可持续发展大背景出发，探究责任型领导对员工的环保心理与行为的
影响，有助于深化责任型领导对员工心理与行为状态的研究。

其次，本研究丰富和拓展了环保组织公民行为影响因素研究。随着对
组织环境管理关注的增加，提高组织环境管理绩效成为组织的重要目标，
学者们也从不同方面研究如何提高员工环保组织公民行为。尽管环保组织

公民行为属于员工的自发行为，并非角色内工作，但其行为是在组织中表现出来的，因此必然受到组织情境的影响。例如，组织的战略人力资源管理实践（Paillé et al.，2014）、组织的环保实践和环保承诺等都会影响员工实施环保组织公民行为。大部分研究都从单一角度分析员工环保组织公民行为发生的原因，本研究从认知和情感路径探讨责任型领导与环保组织公民行为的关系，可以更为全面、系统地分析员工环保组织公民行为的发生机制。另外，不同于传统领导风格，责任型领导关注各利益相关者的利益，而员工实施环保组织公民行为的目的也不仅仅是为了组织的环境管理绩效，也是为了更广泛的社会生态环境，因此，责任型领导与环保组织公民行为有相似的目的，都关注更广泛的社会责任，将责任型领导作为环保组织公民行为的激励因素丰富和拓展了研究视角。

二、管理启示

首先，领导在与员工的日常互动中，应该常常关心、支持并信任下属，同时给予那些与其有高质量交换关系的员工更多的奖励。鼓励员工参与环保活动，并设立奖励机制，例如表彰优秀的环保行为、提供奖金或奖励福利等，以激励员工的积极参与，提高员工的环保激情。

其次，关注环保的领导风格可以改善员工的环保态度，向员工提供了一种环保支持的信号，引导员工积极参与到组织环境管理中来。因此，领导者要以身作则，积极参与环保活动，并在员工中树立榜样，通过领导的示范行为，激发员工的环保热情和积极性。另外，宣传和倡导、教育和培训都是有必要的。利用内部通信渠道和活动平台，开展环保宣传和倡导活动，提高员工对环保的关注和理解，组织环保意识培训，向员工传达环保知识和技能，包括如何减少能源消耗、回收利用资源等实用技巧。

最后，领导有责任为员工的环保组织公民行为提供必要的资源支持，例如提供环保设备、必要的培训和指导，以便员工能够更好地参与环保活动。鼓励团队合作和集体行动，组织团队参与环保项目和活动。通过团队合作，可以增强员工之间的凝聚力和合作精神，提高环保活动的效果和影响力。

三、研究不足与展望

本章首先基于认知—情感个性系统理论构建了责任型领导与环保组织公民行为关系的理论模型，在数据分析和实证研究的基础上得出相关结论，并进行讨论，其次根据结论提出了激发员工环保主动性的建议，最后，分析了研究的局限性，并提出了未来研究展望。

（一）进一步开展责任型领导量表开发

虽然责任型领导的概念提出已有十多年，但与之相关的文献并不多，特别是发表在顶级期刊上的更少。但是在同一时期被提出的伦理型领导（Brown et al.，2005）后续的研究数量和质量均高于责任型领导，这与责任型领导测量工具缺乏有较大关系。本研究采用福格林（2011）开发的量表，量表通过五项研究采用严格的开发程序获得，并验证了与伦理型领导和变革型领导之间的区分效度。但是，单维观的责任型领导难以诠释责任型领导的全部内涵，同时调查对象对于利益相关者的理解可能不同，从而导致测量偏差，正如福格林自己认可的那样，量表较为简练，希望以后进一步改进。量表是在西方文化背景下开发的，在不同文化下，对于责任型领导内涵的理解是否一致，需要进一步探讨。因此，未来的研究需要在中国背景下开发责任型领导量表，并验证其信度与效度。

（二）探索环保组织公民行为的其他前因变量

由于企业面临越来越大的环保规制压力，因此提高企业环境管理绩效显得格外迫切。有研究显示，环保组织公民行为作为一种员工环保主动行为，有利于提高组织环境管理绩效。本研究主要考察责任型领导对员工环保心理和行为的影响。但是，在组织情境中，许多因素都可能会影响员工的环保心理和行为，比如组织的环境战略、组织文化、组织授权等，即便是领导行为，也有多种，都会影响员工环保心理和行为；在团队层面，团队环保氛围、主管环保行为等会影响员工环保心理和行为；在个人层面，同事的环保行为也可能影响员工环保组织公民行为。由于组织情境中的各种要素是相互影响的，本研究限定责任型领导对环保组织公民行为的影响具有一定局限性。因此未来的研究首先可以考虑其他组织因素对员工环保心理和行为的影响，同时也可考虑相关因素之间交互作用对环保态度与行为的影响。其次，员工的个性、价值观、环保态度等也会影响其环保心理和行为，因此，未来研究可以考虑工作场所外的个体因素对员工环保组织公民行为的影响。再次，本研究主要将人口统计变量作为控制变量，未来的研究可以考虑将诸如企业性质等因素作为控制变量；最后，在组织中，团队的环保氛围或主管的环保行为对员工也有重要影响，因此未来的研究可以考虑团队因素对员工环保心理和行为的影响。

（三）探究文化情境在责任型领导对环保组织公民行为影响中的作用

在当今中国，生态环境问题已经成为国家和民众关注的焦点。环保组织公民行为是实践国家和组织环境管理战略的有效手段，由于相关研究大多来自国外，因此，无论是概念内涵还是量表测量都需要充分考虑中国情境。学者们普遍呼吁增强管理学研究的本土化，未来的研究可以考虑一些有中国文化情境的理论视角和本土概念，探讨本土化的研究议题。例如，邢和斯塔克（Xing and Starik，2017）构建了一个道家领导（Taoist leadership）对员工绿色行为的理论模型。因此，未来的研究，我们可以提炼相关中国文化的构念，发展相关量表，进行实证研究。一方面探究中国文化相关构念对员工环保心理和行为的影响，另一方面也可以将其作为相关模型的理论边界进行研究。

（四）进一步丰富样本选择和研究方法

由于环保组织公民行为是组织成员在工作场所中的环保行为特征，具有较强的情境性，因此不同情境下的员工样本对理论模型的影响较大。比如员工的工作类型不同、工作场所不同等都会影响其环保行为的接触频率，另外企业本身参与环保的情况也会影响员工环保行为，企业类型的一些特殊情况会带来一些数据分析上的偏差，或许让研究缺乏有效的普遍性。因此，未来研究可以更多考虑企业的特殊情况，比如有较强环保诉求、环保压力较大等企业，根据理论模型选择更为匹配的员工或企业进行调研；本研究数据由被调查者以自我报告的形式完成，因此，不可避免地存在共同方法变异问题，虽然本研究采取了统计控制检验，结果表明共同方法变异并不严重，但是这属于事后控制。未来研究可以考虑事前控制，比如采取主管与员工配对数据等。

第六节　结　　论

　　领导者作为连接组织与员工的重要纽带，其领导行为深刻影响下属的环保组织公民行为。责任型领导将领导力和社会责任相结合，考虑企业员工在内的众多利益相关者利益，力图实现经济效益、社会效益和生态效益相结合。员工环保组织公民行为反映了个体的伦理要求，同时也表明个体在平衡人与自然关系、提升可持续管理上的努力，这与责任型领导的核心思想相符合。此外，环保激情作为一种积极情绪在组织情境与员工环保行为之间发挥重要作用，那些环保激情较高的员工对组织的环境管理目标和战略更感兴趣，也会积极参加组织环境管理活动。因此，责任型领导通过传递生态伦理观与环保倾向，可以激发员工的环保激情，促进员工实施环保组织公民行为，责任型领导—环保激情—环保组织公民行为这一理论较好地解释了领导行为对员工情绪状态与行为的影响。本章通过对 513 份员工数据进行回归分析，主要得出以下结论：在控制了性别、年龄、学历和工作年限以后责任型领导对环保组织公民行为有显著的正向影响。另外，环保激情在责任型领导与环保组织公民行为之间发挥完全中介作用。

第七章 责任型领导与员工环保组织公民行为关系研究结论与讨论

[本章导读]

本章主要基于本书第四章、第五章和第六章的实证研究,运用自我决定理论、社会认知理论、社会交换理论和情感事件理论,对实证研究的结果进行深入讨论,以期阐明责任型领导如何影响员工环保组织公民行为。研究认为,拥有责任意识并且关注组织内外部利益相关者利益诉求的领导者能够使得员工的自主性和外在的环保动机得到提升,并且有助于提升员工的建设性责任感知并激发其环保激情,从而促进员工积极实施环保组织公民行为。同时,当员工与领导之间拥有良好的上下级关系时,领导者更倾向于为该员工提供支持和资源,进而促进员工展现出更多的环保组织公民行为。

第一节 责任型领导与环保组织公民行为关系研究结论

本书基于管理学相关理论,通过问卷调查和深度访谈的方式来收集数据,采用多种统计分析方法,就责任型领导如何影响员工环保组织公民行为这一议题,开展了三项实证研究。

首先,第一项研究基于自我决定理论视角,探讨了责任型领导与员工环保组织公民行为的关系。自我决定理论是由心理学家瑞安和德西于1985

年提出的一种心理学理论，旨在解释个体在行为背后的动机和动力。该理论关注个体内在的动机，以及外在因素如何影响个体的动机和行为。自我决定理论主张，个体对于行为的动机程度，与其感受到的自主性、能力感和关联感三个基本心理需求的满足程度有关。

自我决定理论包含以下几个关键概念：（1）自主性（autonomy），是指个体感到他们行为的起源和动机是来自于内在的兴趣和价值观，而非外部的压力或强制。在具备自主性的情境下，个体有更多的选择权，能够更好地表达自己的意愿。（2）能力感（competence），是指个体感到自己能够有效地执行某项行为，具备完成任务的能力。当个体感到他们在某个领域有能力取得成就时，他们更有可能持续并投入到相关的活动中。（3）关联感（relatedness），指个体感到与他人有联系和关联，体验到社会支持和认同。社交关系和群体归属感对于满足这一需要是至关重要的。

自我决定理论将动机分为三种基本类型：（1）内在动机（intrinsic motivation），指个体因为对活动本身的兴趣和享受而从内部产生动机。这种动机是最强大和持久的，因为它来源于个体的内在需求和兴趣。（2）外在动机（extrinsic motivation），指个体为了外部奖励或避免惩罚而产生的动机。这种动机分为四个层次，从外部奖励到内在奖励，最高层次是内在调节。（3）无动机（amotivation），指个体对行为缺乏内在或外在的动机，可能是由于对行为的重要性缺乏理解或期望无法满足。自我决定理论在教育、组织管理、心理学等领域有广泛的应用。研究发现，满足个体的内在需求，尤其是自主性、能力感和关联感，有助于提高个体的幸福感、工作满意度以及学习成就。

基于自我决定理论，本研究探讨责任型领导是否以及如何影响员工环保组织公民行为，并分析自主性动机和外在动机的中介作用机制。在总结已有研究及相关理论之后，本研究基于模型提出如下假设：（1）责任型领导对员工环保组织公民行为具有正向影响；（2）责任型领导对员工自主性动机具有正向影响；（3）自主性动机中介了责任型领导与员工环保组织公民行为之间的关系；（4）责任型领导对员工外在动机具有正向影响；（5）外在动机中介了责任型领导与员工环保组织公民行为之间的关

系。在研究方法层面，本研究采用了问卷调查的研究方法。研究样本由
323 名企业员工组成。受访者在不同行业工作，例如银行及保险、医药、
教学、服务等，数据采集采用方便抽样法。问卷中的所有量表均采用已被
广泛认可和运用的成熟量表。本研究通过对 323 份员工数据进行回归分析，
得出以下结论：责任型领导对环保组织公民行为有显著的正向影响，另
外，自主性动机和外在动机在责任型领导与环保组织公民行为之间发挥完
全中介作用，自主性动机的中介作用大于外在动机的中介作用，自主性动
机的传导作用大于外在动机的传导作用。

其次，第二项研究基于社会认知和社会交换理论，建立起一个有调节的
中介模型，从一个全新的理论视角探讨了责任型领导对环保组织公民行为的
影响。社会学习理论也称为社会认知理论，是心理学领域的一种理论，强调
了通过观察和模仿他人学习的过程（Bandura，1977）。这一理论突出了社会
环境在个体学习和发展中的关键作用，尤其是通过观察和参与社会交往。

社会学习理论主要包括以下一些关键概念（Bandura，1977）；（1）观
察学习，社会学习理论强调，个体可以通过观察他人的行为、经验和结
果，来学习新的行为和技能。这种学习方式不依赖于直接的教学，而是通
过观察模型的行为来获取知识。（2）模型行为，社会学习理论中的"模
型"是指展示行为的个体。通过观察模型的行为，学习者能够模仿并在自
己的行为中应用这些观察到的技能或知识。（3）注意力过程，学习者不是
对所有的模型行为都一样关注。社会学习理论认为，个体会选择性地关注
某些模型的行为，这取决于模型的特征、行为的结果以及学习者的动机和
注意力水平。（4）记忆过程，学习者将观察到的行为保存在记忆中，以便
将来模仿。这包括对模型行为的细节和顺序的记忆。（5）再现过程，学习
者试图模仿已经观察到的行为，尽量按照模型的方式执行特定的任务或活
动。（6）激励过程，社会学习理论认为，学习者的行为受到结果的影响。
如果模仿的行为获得了积极的结果，那么学习者更有可能继续模仿这种行
为。（7）自我效能感，社会学习理论还引入了自我效能感的概念，指的是
个体对自己能够成功执行某项任务的信心。成功的模仿和积极的结果有助
于提高学习者的自我效能感。（8）社会反馈，社会学习理论考虑了社会环

境对学习的影响，包括他人的反馈和评价。社交反馈可以影响学习者对模仿行为的态度和继续学习的决心。社会学习理论的贡献之一是强调了社交因素在学习过程中的重要性，与行为主义理论相比更加关注认知过程。该理论对于解释观察学习、技能习得以及模仿行为等方面提供了深刻的理解。

本研究将责任型领导视作研究过程的前因变量，环保组织公民行为作为研究的结果变量。并在社会学习理论的基础上提出了建设性责任感知的概念，责任型领导通过影响员工的建设性责任感知，进而影响员工的环保组织公民行为。在这一影响过程中，上下级关系在责任型领导与建设性责任感知之间起到了关键的调节作用。在进行综述研究及相关理论分析的基础上，本研究提出了以下假设：（1）责任型领导对员工环保组织公民行为具有正向影响；（2）责任型领导对员工建设性责任感知具有正向影响；（3）建设性责任感知在责任型领导与员工环保组织公民行为之间起中介作用；（4）上下级关系正向调节责任型领导与建设性责任感知之间的关系，即责任型领导与建设性责任感知的关系在高质量上下级关系中会被加强；（5）上下级关系调节责任型领导通过建设性责任感知对员工环保组织公民行为的间接作用。对高质量上下级关系的员工来说，责任型领导更会促进建设性责任感知，进而使其表现出较强的环保组织公民行为；反之，对低质量上下级关系员工而言，则较弱。研究样本由 380 名企业员工组成。受访者分布在多个行业，例如银行及保险、医药、教学、服务等，数据采集采用方便抽样法。研究过程中所采用的量表均为已受到广泛认可且被广泛运用的成熟量表。本研究测量了 4 个主要变量：责任型领导、建设性责任感知、上下级关系和环保组织公民行为。通过对 380 名企业全职员工数据进行分析，主要得出以下结论：责任型领导对环保组织公民行为有显著的正向影响，另外，建设性责任感知完全中介了责任型领导与环保组织公民行为之间的关系，上下级关系正向调节责任型与建设性责任感知之间的关系，即责任型领导与建设性责任感知的关系在高质量上下级关系中会被加强。另外，上下级关系调节责任型领导通过建设性责任感知对环保组织公民行为的间接作用，具体而言，高质量上下级关系的员工会强化责任型领导通过建设性责任感知对环保组织公民行为的正向影响；低质量上下级关系的员工则会弱化责任型领导通过建设性责任感知对环保组织公民行为的正向影响。

最后，第三项研究基于情感事件理论，在综述和分析已有文献的基础上，再一次从一个全新的理论视角描述了责任型领导与环保组织公民行为的因果关系。情感事件理论是一种心理学理论，专注于工作场所事件、情绪反应和工作绩效之间的关系（Weiss and Cropanzano，1996）。该理论认为，工作场所的事件会引发员工的情绪反应，而这些情绪反应会影响他们在工作中的态度和行为。

情感事件理论主要包括以下关键组成部分和原则：（1）工作场所事件。情感事件理论认为工作场所中的特定事件可以引发个人的情绪反应。这些事件可以是积极的、消极的或中立的，可能包括收到反馈、认可、冲突、晋升或日常工作互动等。（2）情绪反应。情感事件理论强调情绪反应对事件的作用。不同的人可能会根据他们的个人特征、经历和看法对同一事件作出不同的反应。这些情绪反应的范围可以从喜悦和满足到愤怒和沮丧。（3）情感与情绪。情感事件理论区分情感和情绪。情感是更普遍和持久的状态，而情绪是对特定事件的特定反应。情感和情绪都会影响工作场所的态度和行为。（4）对工作绩效的影响。情感事件理论理论表明，工作场所事件引发的情绪反应会对工作绩效、工作满意度和组织承诺产生重大影响。积极的情绪体验与更高的工作绩效和满意度有关，而消极的情绪体验可能导致绩效和满意度下降。（5）调节因素。个体差异、人格特质和应对机制被认为是情感事件理论的调节因素。这些因素会影响个人对事件的感知和反应。例如，具有积极性格的人可能会更有效地应对消极事件。（6）反馈循环。情感事件理论提出，对事件的情绪反应会产生反馈循环。积极的情绪可以导致积极的行为和态度，而消极的情绪可能会导致消极的后果。这个循环会影响整个组织氛围。

本研究将责任型领导作为前因变量，员工环保组织公民行为作为模型的结果变量。并且在情感事件理论的基础上提出了环保激情的概念，将它作为模型的中介变量。在综合已有文献以及相关理论的基础上，本研究经分析之后提出了以下假设：（1）责任型领导对员工环保组织公民行为具有正向影响。（2）责任型领导对环保激情有正向影响。（3）环保激情对环保组织公民行为有正向影响。（4）环保激情在责任型领导与员工环保组织公民行为之间起中介作用。本研究采用问卷调查法对相关构念进行测量，并且将年龄、性别、受教育程度和工作年限作为控制变量，目的是剔除一些影响自变量与因变量因果关系的干扰因素。本研究在文献阅读的基础上，在调查问卷的设计过程中遵循了以下原则：（1）使用被验证过的成熟量表；（2）采用5点计分的间隔法尺度；（3）使用封闭式问题。在对所收集到的有效数据利用统计学的方法分析之后，得出以下结论：（1）责任型领导对环保组织公民行为有显著正向影响。（2）环保激情在责任型领导与环保组织公民行为关系中起中介作用。

从以上所述的三个实证研究的假设、分析和结论中，我们可以获得更多立足于研究之外的相关知识。首先，三项研究立足于不同的理论基石，从三种不同的理论视角出发，分别探索了责任型领导影响员工环保组织公民行为的形成路径。由此说明，组织中的责任型领导会对员工环保组织公民行为产生正向的影响，并且二者之间的作用机制尚不清晰，有待进一步地研究和探讨。其次，本研究不仅印证了责任型领导对员工环保组织公民行为的积极影响，同时也有效充实了自我决定理论、社会学习理论和情感事件理论的内容，拓展了这三种理论的有效应用范围。最后，我们还发现，在组织的日常管理实践中，不仅领导者的个人特质会对员工产生影响，而且员工个体的情感、情绪、自我价值感等内部因素也会对其环保组织公民行为发挥至关重要的作用。

第二节　责任型领导与环保组织公民行为关系研究讨论

一、责任型领导与环保组织公民行为中介作用

（一）自主性动机和外在动机的中介作用

本书第四章中假设4-3和假设4-5的检验结果可以表明，责任型领

导能够通过员工的自主性动机和外在动机来促进员工实施环保组织公民行为。首先，根据社会学习理论，责任型领导可能通过示范作用和内化价值观的方式，影响员工的自主性动机，从而增加其参与环保行为的意愿。其次，责任型领导可能通过奖励计划、道德示范等方式提供外在动机，促使员工参与环保行为。这两种动机可能会影响员工参与环保组织公民行为的程度。根据自我决定理论，个体的行为受到自主性动机和外在动机的影响（Ryan and Deci，2000）。自主性动机来源于个人内在的兴趣、价值观和目标，而外在动机则来源于外部奖励或惩罚。自主性动机被认为是促使员工参与环保组织公民行为的重要因素之一（Osbaldiston and Sheldon，2003；Pelletier，2002；Afsar et al.，2016）。责任型领导可能通过示范作用和内化价值观的方式影响员工的自主性动机。这种内在的动机来源于个人内心的兴趣、价值观和目标，对环保行为产生内在的驱动力。责任型领导的示范和环保价值观的传递可能使员工感受到与领导一致的价值观，从而增强了他们的自主性动机，使他们更愿意参与环保组织公民行为。此外，责任型领导也可能通过奖励计划、道德示范等方式提供外在动机。这种外在的动机来源于外部的奖励或惩罚，促使员工出于对奖励或对领导的认可而参与环保行为，责任型领导提供的外在动机也可以促进员工的环保组织公民行为。因此，责任型领导通过自主性动机和外在动机的双重影响，可能会对员工的环保组织公民行为产生正向影响。第四章的结论也验证了关于自主性动机（Afsare et al.，2016）和外在动机（Anderson et al.，2005；Ramus，2002）的已有研究。

（二）建设性责任感知的中介作用

本书第五章中假设 5 - 2 的检验结果证明责任型领导能够通过激发员工的建设性责任感知进而促进员工实施环保组织公民行为。责任型领导通过影响员工的社会认知过程来促进建设性责任感知。具体来说，责任型领导可以通过影响员工的态度、塑造主观规范和提高知觉行为控制来实现这一目标。通过塑造组织中的价值观和信念体系，责任型领导可以帮助员工形成积极的环保态度，使他们认同和愿意采取环保行为。同时，责任型领导的行为和言论也可以被员工视为一种社会规范，帮助员工塑造对环保行为的内部压力和规范感。此外，责任型领导还可以提供资源和支持，帮助员工克服环保行为中可能遇到的障碍，提高员工的知觉行为控制能力。首先，具有建设性责任感知的员工可能更倾向于认同领导者的价值观和行为模式，尤其是在环保方面。这种认同可以促使员工形成积极的态度，从而更积极地参与环保组织公民行为。其次，建设性责任感知可能会加强员工对环保行为的主观规范，即认为环保行为是应该的，并增强他们对环保行为的自我控制能力。这些因素会促使员工更多地采取环保行动。最后，具有建设性责任感知的员工可能更有自主性，更愿意承担责任和参与组织活动。他们可能因为对环保问题的关注和责任感而自发地参与环保组织公民行为。综上所述，建设性责任感知在责任型领导和员工环保组织公民行为之间充当了一个重要的连接器，通过影响员工的态度、行为控制和自主性，间接地影响了他们的环保行为。

（三）环保激情的中介作用

我们通过实证研究，检验了本书第六章中的假设6-2并证实了责任型领导能通过激发员工的环保激情，从而促进员工从事环保组织公民行为。根据情感事件理论，情感反应在工作事件与个体态度和行为之间发挥中介作用（Frijda，1993；Ashkanasy，2002）。工作特征环境通过不同的工作事件激发员工不同的情感反应，积极的工作事件引发积极情感，从而激发员工实施更多积极主动行为。对下属来说，领导风格是一种工作环境特征，他会引发积极的工作事件，责任型领导的环保关注和行为可以被视为一种工作事件，它会引发员工的积极情感反应，如对环保活动的兴趣和认同即环保激情。此外，根据情感事件理论，当员工情感反应被激活后会影响个体的态度和行为。因此，那些有较高环保激情的员工更愿意关心组织的环保战略和目标，积极参加组织环境管理活动，支持组织在环保方面的人力资源管理实践。综上所述，我们可以认为责任型领导的环保关注和行为会通过触发员工的积极情感反应，塑造他们的环保态度和价值观，进而激发员工的环保激情。这种环保激情作为一种内在动机，会促使员工更多地参与环保组织公民行为。

（四）中介机制展望

在本书中，我们从自我决定理论、社会学习理论和情感事件理论这三个理论视角出发深入研究了责任型领导向员工环保组织公民行为的传导机制，使得二者之间关系的实证研究得到进一步拓宽和充实。企业社会责任与领导力相结合的责任型领导，是学者们一直关注的焦点问题，已有研究表明，责任型领导能够促进员工环保组织公民行为的产生。本研究以责任型领导为前因变量，尝试探析责任型领导在员工环保组织公民行为中可能发挥的作用，对责任型领导结果变量进行充实，还扩展了对员工环保组织公民行为产生影响的领导风格，为完善责任型领导和员工环保组织公民行为的研究框架提供理论贡献。尽管如此，本研究仍然有一些不足需要在未来做进一步探究。本研究探讨责任型领导与员工环保组织公民行为之间的中介作用时仅从自我决定理论、社会学习理论和情感事件理论这三个理论视角考虑了自主性动机和外在动机，建设性责任感知和环保激情的作用，忽略了其他可能的作用机制。未来的研究可以从其他理论框架出发来进一步分析责任型领导与员工环保组织公民行为之间潜在的作用机制。例如，根据归因理论（Heider，1958），对领导行为的积极归因可以促进员工正向理解责任型领导的行为，进而学习模仿，激发员工的绿色创新意愿；根据社会认同理论，责任型领导可以通过影响员工的环保社会认同，进而激发员工实施环保组织公民行为的意愿，这是领导影响下属以达成群体目标的过程。根据社会认知理论，观察和模仿在员工的行为实施中发挥重要作用，员工可能会以责任型领导作为榜样，模仿领导者的行为，重视社会责任，进而积极实施环保组织公民行为。此外，本书中的研究变量仅从员工个体角度出发分析，未来可以尝试通过其他内部心理因素以及外部环境因素等多种角度探索其作用机理。例如，环境承诺、环保自我担当和环保心理授权等。

二、责任型领导与员工环保组织公民行为调节作用

（一）上下级关系调节作用

在本书的第五章中，我们不仅研究了责任型领导与员工环保组织公民行为之间的作用机制，还对这两者之间的边界条件进行了探究。通过检验假设 5 - 4 和假设 5 - 5，我们可以知道上下级关系不仅正向调节责任型领导与建设性责任感知之间的关系，即责任型领导与建设性责任感知的关系在高质量上下级关系下会被加强；而且还调节责任型领导通过建设性责任感知对环保组织公民行为的间接作用。具体而言，对高质量上下级关系的员工来说，责任型领导更会促进建设性责任感知，进而使其表现出较强的环保组织公民行为；反之，对低质量上下级关系员工而言，则较弱。在当今中国，虽然管理的规则意识越来越受到重视，但是关系在中国社会中仍然占主导地位。在组织中，员工普遍重视与领导构建良好的上下级关系，高质量的上下级关系往往能够给员工带来更多的晋升、奖励或报酬等。上下级关系在组织中发挥重要作用，那么领导者和下属之间的关系如何影响领导风格和员工行为之间的关联。首先，上下级关系的质量会影响领导者的行为和态度。良好的上下级关系可能会促使领导者更倾向于采用责任型领导风格，提供支持和资源，鼓励下属的参与和发展。其次，上下级关系的质量也会影响员工的态度和行为。良好的上下级关系通常会增强员工的责任感知，使他们更倾向于积极参与工作并表现出高效能力。最后，在上下级关系良好的情况下，责任型领导对建设性责任感知的影响可能会更加显著。这意味着领导者通过支持和鼓励员工，能够更有效地促进员工对工作的责任感知，从而推动员工展现出更积极的工作行为。上下级关系在责任型领导与员工环保组织公民行为的关系中发挥的调节作用提醒我们要重视领导者的作用，倡导建设性的领导风格，注重沟通和个人发展，以及促进团队协作和合作，从而实现组织的长期成功和可持续发展。

（二）调节作用展望

尽管本研究在探讨责任型领导与员工环保组织公民行为之间的关系及其边界条件方面取得了一定的成果，但仍然存在一些局限性，这需要在未来的研究中予以克服。本研究的数据主要来源于中国的组织环境，在中国特有的文化背景，特别是重视人际关系的社会环境中，可能对上下级关系的调节作用产生了显著影响。然而，在其他不同的文化背景下，上下级关系的调节作用可能会发生变化。并且本书的研究只关注上下级关系的质量，然而除了上下级关系质量，未来研究还可以探讨上下级关系的其他维度，如信任、沟通频率和互动质量，进一步细化上下级关系对责任型领导和员工行为影响的理解。此外，除了上下级关系，未来研究可以从多种理论出发，探讨责任型领导与员工环保组织公民行为之间关系的其他潜在调节变量。这些理论可以提供新的视角和框架，帮助我们更深入地理解这种关系的复杂性。例如，根据社会交换理论，人际关系是通过交换资源建立和维持的，员工感受到组织对其贡献的重视和关心程度即感知组织支持可能会影响责任型领导的作用效果；根据组织认同理论，组织认同作为员工对组织的认同程度，可能会影响其对责任型领导的反应；根据工作资源—需求模型，工作资源和工作需求会对员工的压力和绩效产生影响，其中工作资源如支持、反馈和发展机会等资源，工作需求如工作量和时间压力等需求，可能会影响责任型领导的效果。

第八章　责任型领导与员工环保组织公民行为关系管理建议与中国议题

[本章导读]

　　本章内容主要分为两节。第一节主要基于本书研究结论，分别从管理者角度、员工角度和企业角度针对组织公民环保行为提出合理化建议，旨在通过合理建议来加强组织内部环保公民行为的建设。第二节主要讨论基于中国新时代背景，责任型领导的研究方向。首先明晰责任型领导的内涵，追溯已有研究，明确其概念发展的变化；其次，阐述责任型领导的测量工具；最后，将责任型领导与新时代中国发展的背景相结合，探究并讨论责任型领导与员工创新，责任型领导与员工伦理行为，责任型领导与跨文化团队的管理以及责任型领导与公司环保行为的关系，为未来的责任型领导研究指明方向。

第一节　管　理　建　议

　　本书的研究结论表明责任型领导会激发员工的责任感与环保激情，从而促使其表现出更多环保组织公民行为。当前，全球生态环境问题引起了多方的关注，走可持续发展道路成为共识，企业一方面通过主动进行环境管理提高自身的可持续竞争力，另一方面面临诸多压力，企业不得不加大对环保的关注与支持。员工既是企业重要的利益相关者，也是环境管理的重要参与者和环保政策的执行者，因此如何激励员工实施环保行为就成为企业环境管理的重要任务。本研究结论对于激发员工主动实施环保行为具有重要的参考价值。

人权、全球回暖、腐败、生物多样性、劳工权利、社会福祉等议题是企业责任管理关注的焦点，而责任管理议题大体可以被归为三大类：可持续发展、责任和伦理。责任型领导是责任管理的重要力量，他们处于利益相关者网络的中心，扮演着诸如管家、公民和梦想者等不同的角色。本研究结果认为责任型领导可以激发员工的环保心理，从而促进员工实施更多环保组织公民行为，因此，企业应该采取措施开发管理者责任型领导力。

一、管理者角度

随着全球气候变化、生物多样性减少等环境问题日趋严重，企业被人们寄予了更多关注生态环境方面的期望，员工是企业中非常重要的利益相关者，企业的环保行为极大地依赖于员工的参与和执行。已有研究表明，领导者作为连接组织与员工的重要纽带，其领导行为深刻影响下属的环保行为，从而对企业的可持续发展产生深刻的影响。近年来，一系列商业丑闻，如安然财务造假、三鹿"毒奶粉"等负面事件引起了人们的普遍关注，这激发了学界对以下问题的思考：企业在关注经济利润时，是否应该关注其他利益相关者的诉求？在此过程中，领导者又该扮演怎样的角色？越来越多的研究表明，企业只有关注利益相关者，才能够在激烈的市场竞争环境中获得持续竞争力，实现可持续发展。马克和普莱斯基于此背景首次提出责任型领导概念，进而从关系视角对这一概念进行解释，即责任型领导是基于道德和价值观并融合了企业社会责任与领导力的新型领导。并且已有大量研究证实，责任型领导能够提升组织绩效（Maak，2007）、组织可持续发展能力（Szekely and Knirsch，2005）和组织社会资本（Maak and Pless，2006）等组织产出，而且对员工工作满意度（Voegtlin，2011）、组织自豪感（Doh，2011）和组织公民行为（Lord and Brown，2001）等微观因素具有重要积极影响。因此，本书结合已有的研究成果，认为组织可以从以下几个方面来培养责任型领导风格，从而进一步激发员工实施环保组织公民行为，最终实现企业的可持续发展。

（一）选任具有道德、伦理和责任特质的管理者

责任型领导是一个综合的概念，它以利益相关者理论为基础，融合了领导伦理与企业社会责任的概念内涵。其中，领导伦理是对责任型领导的道德要求，要求责任型领导遵守伦理规范，进行道德推理与道德决策，企业社会责任是对责任型领导的任务要求，要求责任型领导超越传统的领导—下属的二元关系，关注组织内外的利益相关者的利益需求，以履行企业社会责任。因此，在企业选拔管理者时，应当将应聘者的道德强度、伦理水平和责任意识等纳入考察范围中。在选拔时，组织可以采用人才测评、人格测试、半结构化访谈以及伦理两难困境的情景设计等方法来考察候选人的伦理道德品质和责任特质，选拔那些道德和伦理水平较高、责任心强的人才，从入口环节把好质量关，从而节省组织管理成本。

（二）培育人文主义的组织文化

组织文化在塑造与引导人们的行为方面扮演着重要角色（Schein，1996）。陈等（Chen et al.，1997）指出，从伦理的角度来看，道德行为取决于认识到伦理问题的能力，这种能力与企业文化属性密切相关。加尔布雷斯（2010）对澳大利亚的异质性企业进行了研究，发现企业文化是责任型领导的重要内生因素，特别是人文主义文化对企业社会责任活动有促进作用。如果缺乏人文主义的企业文化氛围，责任型领导的构建和管理会遇到种种困难。氛围和文化对企业的影响是整体性的，责任型企业文化能够为员工发展起到重要的导向作用，是对领导者效用的补充、完善和巩固。为此，管理层要注重营造从上到下的责任意识和伦理氛围，对领导者和员工起到共同导向作用。

（三）加强领导者的培训与引导

首先，将企业的核心意识传递给领导者是至关重要的。这意味着企业的价值观、使命和愿景必须清晰地传达给领导团队，以便他们能够在日常工作中践行这些原则。这种传递不是一次性的沟通，而是一个持续的过程，需要通过培训、会议、内部沟通等多种渠道不断强化。其次，树立和增强领导者的责任意识是培育责任型领导的关键。领导者作为企业的引领者和决策者，他们的行为直接影响到利益相关者的利益。因此，必须通过教育和引导，使领导者意识到自己的决策和行为对企业、员工和社会的影响，从而更加谨慎地履行自己的职责。在提升领导者伦理水平方面，我们可以采取多种措施。一方面，可以通过定期的培训和教育，使领导者了解社会发展的最新态势、经济发展的需求以及经济转型的方向。这样可以帮助领导者在决策时更加符合社会和经济发展的方向。另一方面，加强法律法规的教育也是必不可少的，这可以帮助领导者在决策时避免违法行为，确保企业的合规运营。除了文化熏陶和教育培训，制度性引导也是提升领导者责任意识的有效手段。将领导者的责任和伦理行为纳入绩效考核指标体系之中，可以通过利益导向来激励领导者更加积极地履行自己的责任。同时，这种制度性引导也可以确保领导者的行为与企业的核心价值观保持一致。

（四）责任型领导环保领导力开发过程

1. 责任型领导者环保角色定位

领导力本质就是指影响他人和自己一起完成目标的能力。责任型领导者的主要目标是组织的责任目标，也是责任型领导者和跟随者的目标，比如组织的环境管理目标、社会的环境管理目标等。一般管理中，领导者的追随者是下属，但是责任型领导者的追随者除了下属，还包括诸多利益相关者，如供应商、客户和社区等。因此责任型领导者的追随者有不同的背景，比如，面对政府官员，责任型领导需要游说他们出台与可持续发展、社会责任和伦理相关的政策，并支持其责任领导行为；面对消费者，责任型领导需要积极引导他们采取更加环保绿色的消费模式；面对供应商，责任型领导需要引导他们参与到环保管理中；面对社区，责任型领导者需要积极倾听他们意见并引导他们参与到责任管理活动中来。因此，责任型领导需要与一般领导者不同的角色定位与能力。马克和普莱斯提出了责任型领导者角色模型，认为责任型领导者主要有以下角色：幻想家、公民、变革代理人、讲述者、仆人、干事等。以此为基础，本研究认为，责任型领导在环保方面的角色定位主要有：环保公民、愿景讲述人、召集与协调人、工作干事、变革者（如图8-1所示）。

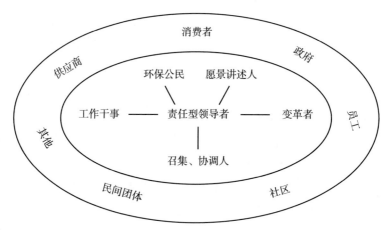

图8-1　责任型领导的角色定位

2. 责任型领导权力获取

想要成为一名责任型领导者，需要获取领导权力，也就是建立领导力的正当性。由于责任型领导和大多数利益相关者都没有法律或契约上的服从义务，因此，想要获得领导权力，责任型领导是在领导关系建立的过程中自然形成，在民主协商与合作过程中建立起来的信任关系。弗伦奇和雷文（French and Raven）将领导权力类型分为五类，根据这五种类型可以构建相关责任型领导力（如表8-1所示）。

表 8 - 1 责任型领导力

权力类型	责任型领导力
法定权力（企业或契约关系）	企业赋予责任型领导者环保方面的法定权力；责任型领导者因契约关系对供应商、客户、社区等施加环保影响
强制权力（控制惩罚）	责任型领导者可以直接或间接惩罚在环保方面不负责的利益相关者，比如供应商拒绝提供原材料给那些高污染的企业
奖励权力（控制奖励）	责任型领导对于那些在环保方面表现良好的利益相关者以奖励，比如，如果社区同意企业提出的环保方面建议，那么企业可能会同意资助社区老年服务项目
感召权力（个人性格魅力）	管理者可能会因为个人魅力被认为是责任型领导者，比如，长期参与沙漠地区的植树计划、坚持绿色出行上班等，这些行为会被员工、消费者、同行、政府、社会等利益相关者视为"环保公民"
专家权力（专长和知识）	责任型领导面对众多复杂多变的利益相关者，特别在环保方面，如果管理者成为环保方面的专家，那么利益相关者可能因为这种专长和知识而追随责任型领导者

表 8 - 1 提出了责任型领导者获取环保方面领导力的几种方式，企业在领导者招聘、领导力开发、继任者选择等方面可关注这几种领导力。

3. 责任型领导力过程启动

当责任型领导权力形成后，就需要开启领导过程了。首先，责任型领导者需要挑战现状，质疑当前存在的环保方面的问题，比如，员工为何没有积极性，社区为何不参与，政府为何积极性不高等。其次，把企业在环保方面的质疑和批评变为具体的建议，再抽象为环保愿景和环境管理目标。再次，追随者需要被赋能来完成设定的环保愿景和目标，比如员工需要了解相关的环保知识来完成环境管理目标。再次，责任型领导需要确保企业或者相关利益群体在环保方面的方向是正确的。最后，责任型领导需要激励利益相关者参与环保活动，支持环保愿景。具体如图 8 - 2 所示。

由于员工既是责任型领导者的下属，也是重要的利益相关者，因此，下属是责任型领导最为重要的追随者。企业通过相关步骤开发责任型领导在环保方面的领导力可以有效激发员工的环保责任感和环保积极情绪，从而促进员工主动实施环保组织公民行为。

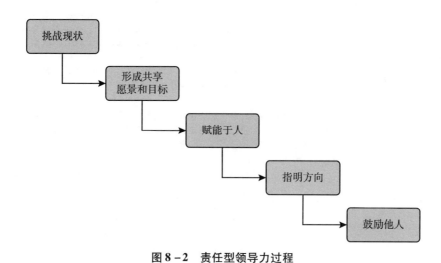

图 8 - 2　责任型领导力过程

资料来源：Kouzes，J. M. & Posner，B. Z. The leadership challenge ［M］. Chichester：Wiley，2002.

二、员工角度

（一）增强员工的建设性责任感知

环保组织公民行为是指员工在组织中从事的不被组织的正式制度所奖励或要求的环保实践行为，是对社会公民环保行为和企业绿色发展战略的补充。例如，员工在组织中节约办公用纸、降低能源消耗、帮助同事实施环保行为、向组织提出有关环保方面的建议。员工环保组织公民行为有助于塑造积极的组织文化，提高员工对环境责任的认识，并为实现组织的可持续目标作出贡献。员工之所以实施环保组织公民行为很大一部分是出于强烈的责任感知，他们在这种责任感知驱使下，努力做好本职工作，帮助企业实现目标，还可以激励自身表现出对组织有利的角色外行为，自发采取行动保护组织免受风险，这些角色外行为如帮助行为、组织公民行为和前瞻行为。只有当员工拥有强烈的建设性责任感知，才能够提高员工实施环保组织公民行为的意愿，因此，从员工的角度来看，具有高度的建设性责任感知是实施环保组织公民行为的必要条件。在本书中的实证研究部分，我们也可以看到，具有较强建设性责任感知的员工，能够实施更多的环保组织公民行为。因而，为了激励员工积极参与环保组织公民行为，组织有必要采取一系列举措以增强员工的建设性责任感知。结合本书的研究结果及已有的相关研究，以下是对如何提升员工建设性责任感知，进而推动他们实施环保组织公民行为的几点建议。

首先，在管理实践中，领导者要秉持伦理道德原则，应该以道德和伦理原则为指导，为团队树立榜样，并努力创造一个诚信、公正和负责任的工作环境。领导者应该鼓励团队成员遵守道德准则和规范，当发现团队中有不当行为或违反伦理规范的情况时，负责任的领导应该果断采取行动，纠正错误，并确保类似的情况不再发生。其次，领导者要培养和维持与下属的可持续信任关系，领导者应当鼓励下属随时提出问题、意见和建议，并确保自己的沟通渠道是开放的、透明的，领导者应该倾听下属的声音，尊重他们的观点，并及时回应他们的需求和反馈。领导者还应该展现真诚和透明的态度，坦率地与下属分享信息，包括企业的目标、战略、挑战和决策过程。这样可以增强下属对领导者的信任，使他们感到自己被重视和理解。再次，领导者应该与员工合作设立共同的目标，确保这些目标既符合组织的利益，又能够满足员工的个人和职业发展需求。共同的目标可以增强团队的凝聚力和合作意愿。领导者应该为员工提供所需的支持、资源和培训机会，帮助他们实现个人和职业发展目标。领导者应该公平地分享团队的成果和回报，让员工分享到组织的成功和收益。同时，也要认可员工的贡献和努力，给予他们应有的回报和认可。最后，领导者不仅要关注企业的经济利益，还应该关注社会责任。领导者应该关注和尊重利益相关方的利益和需求，包括员工、客户、供应商、社区等，通过积极倾听、参与和回应，建立起良好的利益相关方关系，满足他们的期望和需求。领导者可以积极支持和参与社会公益事业，回馈社会，促进社会进步和发展。领导者可以鼓励员工参与社会责任活动，培养他们的社会责任感。通过组织员工志愿服务、公益活动等形式，增强员工的团队凝聚力和归属感。

在管理实践中，当员工拥有较强的建设性责任感知时，不仅会投入更多的时间与精力做好自己职责范围内的工作，而且会主动作出超出本职工作范围的有益于组织和公众福利的角色外行为。具有较高责任感知的员工会主动回报领导和组织的关怀，并且他们会为了众多利益相关者的利益不受侵害，愿意成为一名"好公民"，从而积极实施环保组织公民行为。因此，企业要想取得可持续发展的竞争优势，那么如何增强员工的建设性责任感知对于管理者来说至关重要。为此，本书针对管理者而言，提出了以下几点建议：首先，为员工提供清晰的目标和期望，使他们了解在组织中的角色和责任。明确目标可以激发员工的责任感，使他们更加专注于实现组织的使命和目标。并且在组织中建立积极的工作环境和团队合作氛围，创造一个支持性和积极的工作环境，鼓励员工承担责任并提供支持和认可。积极的工作氛围可以激发员工的主动性和创造性，促进建设性责任感的培养，鼓励团队合作和共享责任，使员工意识到他们的工作对整个团队和组织的成功至关重要。其次，为员工提供培训和发展机会，帮助他们提升技能和知识水平，增强自信心和责任感。培训和发展可以使员工更有能力应对挑战，承担更多责任。并且建立透明的沟通机制，与员工分享组织的信息和决策过程，使他们感到被尊重和重视。透明的沟通可以增强员工对组织的认同感和责任感。最后，设立激励和奖励制度，鼓励员工积极承担责任并取得成绩。激励和奖励可以激发员工的积极性和主动性，增强他们的建设性责任感。

（二）增强员工实施环保组织公民行为的动机

首先，从员工自身角度考虑。一是建立意识提升计划。通过培训和教育，提高员工对环保的认识和理解，强调环保行为的重要性及其对个人和社会的影响，从而激发员工内在的环保动机。与员工合作设定个人环保目标，并建立相应的奖励机制，鼓励他们自愿参与环保活动并取得成就感，从而增强其自主性环保动机。二是提供参与决策的机会。给予员工参与环保策略和计划制定的机会，让他们感到自己的意见和贡献被重视，从而增强其对环保事务的责任感和参与感。三是建立良好的激励体系。设计激励措施，如表彰优秀环保行为、提供额外福利或奖金等，以激励员工参与环保活动，增强其外在环保动机。

其次，从管理者角度考虑。一是建立激励政策和奖励机制。将环保行为纳入绩效评价体系，设立环保奖励和认可机制，鼓励员工积极参与环保活动。二是提供资源支持和培训机会。为员工提供必要的资源支持，如提供环保设施、工具和培训机会，帮助他们更好地理解环保问题，提升环保技能，增强其参与环保活动的能力和意愿。三是建立沟通渠道和参与机制。建立开放的沟通渠道，鼓励员工提出环保建议和意见，参与环保决策过程，增强其对环保事务的责任感和归属感。四是设立目标管理系统。与员工共同设立可量化的环保目标，建立目标管理系统，定期跟踪和评估员工的环保绩效，及时进行反馈和调整，促进员工对环保行为的自我管理和改进。五是示范和引导。管理者作为榜样，积极参与环保活动，倡导环保理念，引导员工树立正确的环保价值观和行为标准，激发其模仿和学习的动力。

最后，已有相关研究表明，环保变革型领导、绿色人力资源管理和组织内部绿色氛围等因素均能够增强员工的绿色动机，因此，在组织日常管理实践中，管理者应当努力提升自身的环保变革型领导素养，增强员工的环保动机，从而有助于员工实施环保组织公民行为。组织应当积极制定和实施环保友好型政策、践行绿色人力资源管理实践，促进组织和员工共同参与环保活动，实现可持续发展目标。组织为了建立内部绿色氛围，应当制定明确的环保政策和目标，并将其融入组织的愿景和价值观中，确保所有员工都了解并积极支持组织的环保使命。

（三）激发员工的环保激情

首先，个体更容易对一些有社会重要性的事物有激情。因此，组织应当向员工强调他们个人对环境的影响力和责任，定期对员工开展环保教育和培训活动，向员工传达环保知识、挑战和解决方案，不断地强调他们个人对于环境保护的重要性，从而有助于增强员工对环境问题的认识，激发他们的责任感和使命感，进一步激发他们对环保行为的热情；此外，组织还应当给予员工参与环保决策的机会，让他们参与制定环保策略、计划和项目，增强其对环保事务的责任感和投入度。

其次，降低员工在工作场所的失落感，满足员工受尊重的需求，有助于提升员工的工作激情。博克纳（Bochner，1997）认为，人们花大量的时间在工作场所，常常会感到失落与孤独。因此，管理者应当促进员工之间的团队合作和知识分享，营造共同努力实现环保目标的氛围，增强员工的团队凝聚力和环保激情；为员工提供参与环保项目和活动的机会，让他们能够亲身体验和参与环保行动，组织环保活动和志愿服务项目，让员工参与环保行动，体验环保的乐趣和成就感，增强其对环保事业的投入和参与感，从而让员工感受到与社会的关联，减少孤独感，提高环保激情。

最后，组织通过设定具体、可量化的环保目标，并与员工共享，向他们阐明目标的重要性和实现的意义，激发他们的责任感和使命感，为达成这些目标设立相应的奖励机制，对积极参与环保行动的员工进行表彰和奖励，激发他们的积极性和动力，促进更多员工加入到环保行列。这种激励措施可以激发员工的积极性和参与度，增强他们的环保激情。

此外，罗伯森和巴林（Roberstson and Barling，2013）研究发现，环保变革型领导风格以及领导者的环保行为促进了员工的环保激情。国内学者王乾宇和彭坚（2018）通过实证研究发现，CEO 的环保变革型领导风格促进了高管团队的环保激情气氛。比拉尔（Bilal，2016）研究发现，精神型领导通过工作场所精神增强了员工对工作的激情，当这项工作为环保工作时，就会提高员工的环保激情。因此，管理者应当积极学习环保变革型领导和精神型领导的领导技能，有助于进一步激发员工的环保激情。

（四）构建起良好的上下级关系

在组织中培育良好的上下级关系非常重要，因为这种关系对于组织的整体效率、员工士气和团队合作至关重要。良好的上下级关系有助于提高员工的士气和工作满意度。当员工感到自己的管理者尊重他们、关心他们的发展，并提供适当的支持时，他们更有可能感到快乐和满足，并且更倾向于积极投入工作。良好的上下级关系有助于建立积极的团队氛围，促进合作和协作。当员工与管理者之间存在信任和尊重时，他们更愿意与同事合作，共同努力实现目标。本研究发现，上下级关系在责任型领导与建设性责任感知及环保组织公民行为之间发挥积极的调节作用，良好的上下级关系有助于增强责任型领导对员工建设性责任感知的积极影响，进而更有效地推动员工实施环保组织公民行为。总的来说，良好的上下级关系不仅可以增强责任型领导发挥的积极影响，还能够对员工心理的产生和行为的实施发挥作用。因此，组织要构建起良好的上下级关系。

在组织中构建良好的上下级关系需要采取一系列策略和行动。以下是一些建议：第一，应当建立开放的沟通渠道，创建一个开放的沟通氛围，鼓励员工与管理者之间进行真诚、及时和双向的沟通。这可以通过定期的"一对一"会议、团队会议、反馈机制和开放的沟通渠道（如电子邮件、即时消息和在线平台）来实现。这是因为开放的沟通渠道有助于消除信息障碍，增强透明度，减少误解和猜测。通过建立这样的沟通渠道，员工感受到他们的声音被听到，他们的问题被重视，这有助于增强他们的参与感和归属感。第二，建立互信与尊重，在上下级之间建立信任和尊重的关系是关键。管理者应该展现出对员工的信任，并尊重他们的意见和贡献。同时，员工也应该尊重管理者的权威和决策，并展现出专业的工作态度。这是因为信任和尊重是建立健康的上下级关系的基础。当员工感到他们的管理者信任他们，并尊重他们的意见和贡献时，他们更有动力和愿意为组织作出更大的努力。相反，如果缺乏信任和尊重，员工可能感到被忽视和不被重视，导致士气下降和员工流失。第三，提供及时的反馈和支持，管理者应该定期提供积极的反馈，包括肯定和建设性的意见。同时，他们也应该为员工提供必要的支持和资源，帮助他们克服困难，实现个人和职业目标。这是因为员工需要及时的反馈和支持来了解他们的表现如何，以及如何改进。良好的反馈可以增强员工的自信心，帮助他们发展自己的技能和能力。此外，提供支持可以让员工感到他们不是孤立的，他们可以依靠管理者来解决问题和应对挑战。第四，促进员工发展，提供培训、导师制度和职业发展计划，帮助员工提升技能、发展潜力，并实现职业目标。管理者应该与员工合作制定个人发展计划，并提供指导和支持，以确保他们获得必要的成长和发展。组织中的员工发展是双赢的结果。员工通过发展自己的技能和能力，可以提高工作表现，实现个人和职业目标。同时，组织也受益于拥有经验丰富、技能娴熟的员工，他们可以为组织的成功作出更大的贡献。第五，建立共同的目标和价值观，确保员工和管理者都清楚理解组织的使命、愿景和价值观，并将其融入日常工作中。共享的目标和价值观可以增强团队凝聚力，促进合作和协作。当员工和管理者都明确了解组织的使命、愿景和价值观时，他们更容易共同努力实现这些目标，从而提高组织的绩效和成功。第六，及时处理上下级之间的冲突和问题，采取适当的解决方案，以确保关系不受损害，并且能够继续向前发展。这可能涉及开放的对话、调解、培训以及制定明确的工作标准和期望。这是因为忽视冲突和问题可能会导致更大的困难和不满。及时处理冲突和问题有助于防止情况恶化，并维护上下级关系的健康。通过开放的对话和有效的解决方案，可以增强上下级之间的信任和合作。第七，管理者应该以身作则，展现出良好的领导力和专业素养，成为员工的榜样。他们应该展现出积极的工作态度、良好的沟通技巧和解决问题的能力，以赢得员工的尊重和信任。管理者作为榜样的作用非常重要。他们的行为和态度会影响到整个团队的氛围和文化。通过展现出积极的工作态度、良好的沟通技巧和解决问题的能力，管理者可以激励员工效仿，并塑造出积极向上的工作环境。通过以上策略和行动，组织可以积极促进上下级之间的良好关系，也有助于责任型领导发挥积极作用，也有助于员工建设性责任感知的产生，从而实施环保组织公民行为。

三、企业角度

企业需要制定相关绿色人力资源管理政策。绿色人力资源管理把企业的环境管理目标与人力资管理结合起来，通过人力资源管理的各个职能模块的绿色化来影响员工的环保心理和行为，从而提高企业的环保绩效，另外，企业环保绩效提高又会促进企业的绿色人力资源管理实践。相关研究发现，企业主要将绿色管理嵌入人力资源管理的相关模块，如在招聘、培训、绩效管理、薪酬福利与员工关系管理等实践中加入绿色管理的内容，以此来提高企业的环保绩效。企业可以从以下方面来进行人力资源管理绿色化，为员工从事环保组织公民行为提供组织支持。

（一）招聘与选拔

招聘与选拔是企业人力资源管理的基础性模块。一方面，一些企业，特别是很多跨国企业已经将绿色人力资源管理实践作为雇主品牌的一部分，以此来吸引那些热衷环保的年轻人。另一方面，一部分有较高环保意识的求职者倾向于选择那些在环保方面有较高声誉的企业。企业可以采取以下措施在招聘与选拔中体现绿色管理：（1）在职位说明书中明确相关的可持续发展议题。通过这种方式向求职者展示企业的环保文化价值观。（2）在面试中设置环保相关考察内容。通过设置环保相关题目或测量，可以判断求职者对环保主题的价值观、知识、态度等，有助于挖掘有潜力的员工。（3）招聘职位需要体现绿色价值观。特别是一些与企业环保绩效关系紧密的职位需要明确体现环保意识，以此来吸引那些具有较高环保意识和环保知识背景的员工。

（二）培训与开发

在人力资源管理模块中，培训的作用在于，通过有计划、有目的地帮助员工获取与工作职责要求相关的知识、技能和能力。为了提升企业的环境管理绩效，企业会对员工进行培训，在各种人力资源管理手段中，培训被认为是最为有效的，可以提高员工环保意识、核心技能和环保知识水平。一方面，环保培训可以提高员工在环保方面的建设性责任感，促进环保方面的建言，提高环保主动性和积极性；另一方面，灵活有趣的环保培训项目也可以增强员工的环保激情，从而促进员工实施环保组织公民行为。企业需要注重以下环保培训要素：（1）需要对全员进行环保培训，而不是主要针对某些人和某些部门；（2）注重环保价值观、使命与愿景方面的培训，因为这些方面的培训会影响员工的环保心理，直接导致员工是否主动实施环保行为；（3）环保知识和技能培训。在环保知识与技能的培训中，企业不仅需要关注显性知识，也应该关注隐性知识的培训，同时需要注意培训的方式与方法。

（三）绩效管理

绩效管理主要是对员工的工作态度、行为和结果进行评价。设置绿色绩效考核指标是一件非常困难的事。通常企业利用企业层面的环保绩效标准或绿色审计等来获取有关环保绩效的有效数据。首先，企业可以尝试将一些绿色指标纳入绩效管理体系中。其次，需要与员工建立有效的绿色沟通方案，目的是使员工和管理者明确绿色绩效考核的目的、内容和方式等。再次，利用企业绩效反馈系统发现绿色绩效考核中的问题，及时反馈给员工，并听取员工的意见。最后，绿色绩效考核也需要建立奖惩制度，企业需要根据环境管理目标建立奖惩制度。

（四）薪酬与福利

企业薪酬与福利是员工最关心的要素，对于吸引、保留与激励员工从事环保工作具有重要意义。将薪酬与福利制度应用于环境管理中，就是环境薪酬。企业可以通过以下措施来实施环境薪酬：（1）设立环境浮动薪酬。布罗克特（Brockett，2007）认为企业可以在基本工资结构中体现环境管理目标的实现情况。比如当员工提出减少能源消耗方面和生产过程减少污染的建议，企业可以用专门的环境浮动薪酬进行奖励。（2）非物质奖励。物质奖励虽然有效，但是属于一种外在报酬，无法激发员工的内在动机。因此许多企业已经开展更多的非物质奖励，比如"认可奖励"，奖励那些在企业环保方面作出突出贡献的员工和团队，在公司内进行表扬，为员工提供一些参加环保活动的机会。

（五）员工参与

尽管高管人员在环境管理中发挥重要作用，特别是在中国的企业中。但是企业的环境管理政策的执行主要依赖于员工的执行情况，因此，激发员工在企业环境管理中的积极性和主动性显得格外重要。本书的研究结论也表明，绿色人力资源管理有助于提高员工的责任感与环保激情，从而促使他们主动实施环保行为。首先，企业应该鼓励员工提出合理化的环保建议，尤其注意激发一线员工提出有关防治污染、减少浪费、绿色创新等方面的建议。其次，授权员工。事实上，很多环保活动需要员工作出决策，但是当员工没有获得处理的权限时，就很可能会产生"惹祸上身"或者"多一事不如少一事"的心理，因此，明确的授权对于员工处理有关环保方面的工作与任务非常重要。再次，让员工参与环保政策的制定。如果员工参与了环保政策方面的制定，那么他们对于环保制度的理解会更加深刻，执行力也会更强。最后，建立鼓励员工参与的组织文化。员工是否主动提出建议，是否积极参与环境活动也有赖于组织文化。当员工确认了一种鼓励积极建议与主动参与的环保文化，他们就会有被尊重、被认可的感觉，从而激发主动从事环保工作的心理。

第二节 中国情境下责任型领导研究新议题

一、责任型领导内涵

领导在组织中扮演着重要的角色，他们的行为和决策对团队的成功与否起着至关重要的作用。在领导中，责任型领导是一种被广泛认可和追求的领导风格。责任型领导者以负责任、透明和道德为基础，通过积极的行动和示范来激励和引导团队成员。在全球经济危机和企业丑闻频发的背景下，公众对企业领导者的道德要求逐渐提高，传统的领导理论已经难以满足指导企业实践的现实需求，责任型领导的出现弥补了这一领域的研究空白。普莱斯和马克（Pless and Maak，2005）认为责任型领导是一个基于道德和价值观的规范性现象，责任型领导与他人沟通交往时能够综合运用情绪智力和伦理智力，其决策和行为是符合伦理、有效且可持续的。海因德、威尔逊和莱森（Hind，Wilson and Lessen，2009）也认为责任型领导包含多样性，能借助开放式沟通来与相关利益者建立合作伙伴关系。陆扬华（2012）从组织层面上提出责任型领导能够促进公司成长，王（Wang，2015）通过研究发现，企业的财务业绩与责任型领导有积极正向的关系。刘等（Liu et al.，2017）通过研究发现，责任型领导能够提升员工对组织的认同感，从而提升其帮助他人的意愿。由此可见，责任型领导是一种对员工工作行为和组织绩效有积极影响的领导模式，值得深入了解和研究。

责任型领导是伦理学、领导力和企业社会责任研究的交汇点，是一个不断发展的概念（Javed，Akhtar and Hussain，2021）。责任型领导更加看重组织的利益相关者，例如商业伙伴和客户等，因此区别于传统的领导—员工二元关系领导模式（Doh and Quigley，2014）。责任型领导的研究由来已久，从时间的角度来看，责任型领导的概念经历了"关系视角—过程视角—行为视角"的发展；从关系的角度来看，责任型领导一共经过两个阶段的发展。在第一阶段，马克等从关系视角的基础出发，首次对责任型领导的相关概念进行了界定，认为如果组织内部的领导者与组织的利益相关者建立了可持续的信任关系，那么这种类型的领导者就是责任型领导。在第二阶段，马克等重新引入了伦理学的观点，认为这种合乎伦理的可持续性关系是责任型领导关系的基础，在此基础上，利益相关者在同一个目标下形成了高水平的动机和承诺，进而促进了企业、环境和社会的可持续发展。通过对发表责任型领导的主要期刊进行可视化分析得知，责任型领导的相关研究仍然以西方为主，中国情景下的责任型领导研究议题仍然较少。并且，责任型领导的研究主题多集中在组织内部层面的微观行为，仍未受到应有的重视。因此，本节将结合上述研究结论，基于中国文化情境，探索责任型领导研究的新议题。责任型领导的概念是现代管理理论中的一个重要组成部分。在当今不断变化和复杂的商业环境中，领导者的角色变得愈发关键，而责任型领导正是应对这种挑战的一种有效方式。

责任型领导并非简单地要求领导者承担责任，而是一种更为全面的领导理念，涵盖了领导者对自己、团队和组织的责任以及他们在决策、行为和沟通中的角色。首先，责任型领导强调个人责任。领导者需要对自己的行为和决策负责。这包括在面对挑战和困难时不推诿责任，勇于承认错误并从中吸取教训。责任型领导者意识到他们的行为会对团队和组织产生深远影响，因此会审慎地考虑每一个决策，并承担起决策所带来的后果。其次，责任型领导还涉及团队责任。领导者不仅要求自己承担责任，还要求团队成员也承担起他们的责任。通过激励团队成员参与决策过程、鼓励他们发挥自己的潜力，并确保他们明白自己在团队成功中的重要性，责任型领导者能够建立起一支高效的团队，共同追求目标的实现。此外，责任型领导也关注组织责任。领导者认识到他们的决策和行为对整个组织的长期发展和成功具有重要影响。因此，他们会努力为组织的利益着想，确保自己的决策符合组织的价值观和长远利益，并且促进组织的可持续发展。责任型领导的概念发展得益于学者们对领导力的深入研究和探索。传统的领导理论强调领导者的权威和指导作用，但随着人们对领导力的认识不断深化，责任型领导的概念逐渐受到重视。现代组织越来越注重诚信、透明度和责任感，这些价值观也体现在了责任型领导的核心理念中。责任型领导并非一蹴而就，而是需要领导者不断学习和发展的一种领导风格。要成为一名优秀的责任型领导者，领导者需要具备一系列的技能和品质，包括良好的沟通能力、清晰的目标设定能力、坚定的决策能力以及对团队成员的关怀和支持。

　　总而言之，责任型领导的概念在当今复杂多变的商业环境中具有重要意义。通过强调领导者对自己、团队和组织的责任，责任型领导能够有效地激励团队成员，推动组织不断向前发展。

二、责任型领导的概念发展

　　责任型领导的概念发展是现代管理理论中的一个重要研究方向。随着社会和商业环境的不断变化，领导者不仅需要具备传统的管理技能，还需要展示出高度的责任感和道德标准。责任型领导这一概念应运而生，并在不断演进中得到了广泛认可和应用。

　　责任型领导的概念起源于对传统领导模式的反思。传统领导理论，如权变理论、领导行为理论和特质理论，更多关注的是领导者如何通过自身特质和行为影响团队绩效。然而，这些理论往往忽视了领导者在伦理道德和社会责任方面的角色。随着全球化进程的加速，企业的社会影响力日益增大，利益相关者理论（Stakeholder Theory）开始受到重视。该理论认为，企业不仅对股东负责，还对员工、客户、供应商、社区等利益相关者负责。由此，领导者的角色也从单纯的管理者转变为需要对多方利益负责的角色。责任型领导强调领导者在决策和行为中的责任感和道德标准。具体而言，这种领导风格包含以下几个核心理念：（1）个人责任。领导者需要对自己的行为和决策负责，包括承认错误、纠正错误和从中学习。责任型领导者具备高度的自我意识和反思能力，能够在实践中不断完善自己。（2）团队责任。责任型领导者关注团队成员的发展和福利，鼓励他们承担责任，参与决策，并共同为团队目标努力。通过建立信任和支持的团队文化，领导者能够激发团队的潜力，实现更高的绩效。（3）组织责任。领导者不仅对团队负责，还需要对整个组织的长期发展负责。他们会考虑组织的使命和价值观，确保决策符合组织的长远利益和可持续发展目标。（4）社会责任。责任型领导者关注企业对社会和环境的影响，推动企业承担社会责任，践行可持续发展理念。这种领导风格不仅有助于提升企业形象，还能为企业创造长期价值。

责任型领导的概念逐渐发展，受到学术界和实践界的广泛关注。其发展路径可以分为以下几个阶段：（1）概念提出阶段。在 20 世纪末和 21 世纪初，随着企业社会责任理念的兴起，责任型领导的概念开始浮出水面。学者们开始探讨领导者在企业社会责任中的角色和作用，提出了责任型领导的基本框架。（2）理论深化阶段。随着研究的深入，学者们对责任型领导的定义、特质和影响因素进行了系统研究，包括责任感、伦理道德、自我反思、团队建设等在内的要素被纳入责任型领导的理论框架中。同时，研究还探讨了责任型领导对组织绩效、员工满意度、创新能力等方面的影响。（3）实践应用阶段。责任型领导理论逐渐应用于企业管理实践中。许多企业通过培训和发展项目，培养责任型领导者，并将责任型领导理念融入企业文化和价值观中。实践表明，责任型领导有助于提升企业的社会责任感，增强员工凝聚力和忠诚度，提高组织绩效。

综上所述,责任型领导的概念发展反映了现代企业对领导者提出的更高要求。通过强调领导者的个人责任、团队责任、组织责任和社会责任,责任型领导能够推动企业实现可持续发展,创造长期价值。随着全球化、数字化和可持续发展趋势的推动,责任型领导将在未来发挥更加重要的作用。

三、责任型领导的测量

责任型领导的测量是管理学和心理学研究中的重要议题,旨在评估领导者在履行责任和推动团队或组织发展方面的表现。这一测量不仅帮助了学术界理解责任型领导的特质和影响因素,也为企业实践提供了重要的工具和方法。以下将从测量维度、测量工具和方法、实际应用及其挑战等方面进行详细探讨。

(一) 测量维度

责任型领导的测量涉及多个维度,这些维度反映了领导者在不同方面的责任感和行为表现。主要测量维度包括:(1) 个人责任。评估领导者对自身行为和决策的自我反思和改进能力。这包括领导者是否能坦然面对错误、主动承认并纠正错误,以及从中学习和成长。(2) 团队责任。关注领导者对团队成员的关心和支持,包括是否能公平对待每个成员、鼓励成员参与决策、为成员提供成长和发展的机会。(3) 组织责任。评估领导者对组织使命和价值观的坚持程度,以及在推动组织可持续发展方面的表现。这包括是否能将组织的长远利益置于个人利益之上,确保决策符合组织的核心价值观。(4) 社会责任。评估领导者对社会和环境责任的重视程度,包括是否推动企业承担社会责任、践行可持续发展理念、关注企业对社会和环境的影响。

(二) 测量工具和方法

责任型领导的测量通常通过问卷调查、行为观察和 360 度反馈等方法进行。以下是几种常用的测量工具和方法：（1）问卷调查。设计包含上述维度的问卷，对领导者及其团队成员进行调查。常用的问卷有多项选择题、评分量表和开放性问题。问卷设计应确保题目的科学性和有效性，以便准确反映领导者的责任型行为。（2）行为观察。通过直接观察领导者在实际工作中的行为表现，记录并分析其在不同情境下的责任感和行为。这种方法能够提供第一手的真实数据，但也可能受到观察者主观判断的影响。（3）360度反馈。通过收集来自不同层级（如上级、同级、下属和外部利益相关者）的反馈，全面评估领导者的责任型行为。这种方法能够提供多角度的评价，减少单一视角带来的偏差。（4）案例分析。通过对典型责任型领导者的案例进行深入分析，探讨其具体行为和决策过程。这种质性研究方法有助于理解责任型领导的实践细节和复杂性。

（三）实际应用

在实际应用中，责任型领导的测量为企业选拔和培养领导者、评估领导绩效以及改进领导实践提供了重要参考。以下是几种具体应用场景：（1）领导选拔。在招聘和晋升过程中，通过责任型领导测量评估候选人的责任感和行为表现，选拔出符合企业价值观和发展需求的领导者。（2）领导培养。通过测量结果识别领导者在责任型行为方面的优势和不足，制订个性化的培训和发展计划，提升领导者的综合素质。（3）绩效评估。将责任型领导的测量结果纳入领导绩效评估体系，综合考量领导者在责任感和行为表现方面的绩效，为薪酬激励和发展规划提供依据。（4）组织文化建设。通过推广责任型领导理念，培养领导者的责任感和行为规范，推动形成积极向上的组织文化，提高整体组织绩效。

（四）挑战和未来发展

尽管责任型领导的测量在理论研究和实践应用中取得了重要进展，但仍面临一些挑战和问题：（1）测量标准化。由于不同企业和行业的具体情况不同，责任型领导的测量标准和指标可能存在差异，如何制定统一的测量标准是一个重要挑战。（2）主观偏差。在问卷调查和行为观察中，测量结果可能受到主观偏差的影响，如何提高测量的客观性和准确性是一个需要解决的问题。（3）动态性评估。领导者的责任感和行为表现可能随时间和环境的变化而变化，如何进行动态性和持续性的评估，以反映领导者的真实发展情况，是未来需要关注的方向。（4）跨文化适用性。责任型领导在不同文化背景下可能有不同的表现形式，如何开发具有跨文化适用性的测量工具，以适应全球化背景下的企业需求，也是一个重要课题。

综上所述，责任型领导的测量是一个复杂而重要的领域，涉及多维度的评估和多方法的应用。通过不断优化测量工具和方法，提高测量的科学性和实用性，能够更好地支持企业领导者的选拔、培养和绩效评估，推动企业实现可持续发展和长远成功。

四、责任型领导与员工创新

在中国经济转型和创新驱动的背景下，责任型领导对员工创新能力的影响加剧。中国经济转型和创新驱动是当前中国经济发展的重要方向。近年来，中国政府提出了一系列推动经济转型和创新驱动的政策措施，旨在促进经济结构优化、提高产业竞争力和加快科技创新。经济转型方面，中国致力于由过去的投资驱动型经济向消费驱动型经济转变。通过加大内需拉动力度，提高居民收入水平，改善社会保障体系，鼓励居民消费，以此减少对外部需求的依赖，实现经济可持续增长。创新驱动方面，中国积极鼓励企业加大研发投入，提高科技创新能力。政府支持建设科技创新中心和园区，加强知识产权保护，优化创新环境。同时，鼓励创业创新，培育高新技术企业，推动科技成果转化为生产力。在制度机制改革方面，中国加快推进简政放权、放管结合、优化服务改革，为企业提供更好的创新环境和发展条件。同时，加强金融支持，提供创新型企业融资保障。中国经济转型和创新驱动的目标是加快实现由传统产业为主导向高技术、高附加值产业的转变，促进经济结构的优化和可持续发展。这将为中国经济提供更多增长动力，并推动中国在全球经济中的地位进一步提升。

在中国经济转型和创新驱动的背景下，责任型领导在提高员工创新能力方面发挥着重要的作用。责任型领导是指具有高度责任感和激励能力的领导风格，他们注重员工发展和潜力的挖掘，鼓励员工主动承担责任，追求卓越成果。责任型领导对员工创新能力的影响主要体现在以下几个方面：第一，激发员工思维活跃性。责任型领导通过倡导积极主动的工作态度和积极的团队合作氛围，激发员工思维的活跃性。他们鼓励员工提出新的想法、思考问题的多样性，并为员工提供充分的学习和成长机会，积极培养员工的创新意识。第二，提供资源支持。责任型领导认识到创新需要资源的支持，他们会主动为员工提供必要的资源，包括信息、技术、经费等，以满足员工在创新过程中的需求。同时，他们还会建立良好的跨部门合作机制，帮助员工获取更多资源和合作机会。第三，建立开放的沟通渠道。责任型领导注重与员工之间的沟通和交流，鼓励员工提出意见和建议。他们倾听员工的声音，积极解决问题，减少员工在创新过程中的障碍和阻力。通过建立开放的沟通渠道，员工更容易分享自己的创新想法，并能够获得反馈和指导。第四，培养团队创新文化。责任型领导重视培养团队的创新文化，他们鼓励员工之间的合作和知识共享，营造积极的学习氛围。通过定期组织创新活动和培训，激发员工的创新潜力，提高团队的创新能力。

总的来说，责任型领导通过激发员工的思维活跃性、提供资源支持、建立开放的沟通渠道以及培养团队创新文化等方式，对员工的创新能力产生积极的影响。在中国经济转型和创新驱动的背景下，这种领导风格有助于激发员工的创新潜能，推动企业实现持续创新和发展。

五、责任型领导与员工伦理行为

在中国的传统道德背景下，责任型领导会对员工的道德决策和道德判断产生一定的影响。中国传统道德是指在中国历史上形成并延续至今的一套道德观念和行为准则。它是在中国古代文化、哲学和伦理思想的基础上建立起来的，深深影响着中国人民的价值观和行为方式。中国传统道德强调了几个重要的价值观念。首先是仁爱和孝道，尊重长辈、关心家人、孝敬父母是中国传统道德的核心价值之一。其次是忠诚和义务，对于国家、家族和社群的忠诚被看作一种高尚的品质。再次是诚实和诚信，言行一致、守信用被认为是道德行为的基本要求。最后是谦和和礼仪，中国传统道德鼓励人们保持谦虚、有礼貌、注重人际关系的和谐。中国传统道德也强调了一些道德规范和行为准则。例如，尊重长辈、敬重师长、孝敬父母、关心家人是人们应当遵循的道德规范。公平正义、宽容谦和、诚实守信、尊重他人等也是中国传统道德所强调的行为准则。总体而言，中国传统道德是一个富有伦理思想和文化内涵的体系，它强调了人与人之间的关系、个体责任与社会责任的平衡，注重个人修养和道德规范的遵守。这些传统道德观念在中国社会中扮演着重要的角色，并对塑造中国人的品德和行为产生着深远的影响。

在中国传统道德的背景下，责任型领导对员工的道德行为和道德决策具有重要的影响。

首先，责任型领导以身作则，展现出诚信、正直和责任感的榜样作用。他们注重用自己的行为去引导员工，并以诚实和诚信为基础来建立员工与领导之间的信任关系。这种榜样效应可以激励员工们更加努力地遵守道德准则，作出正确的道德决策。其次，责任型领导强调员工的社会责任和对整体利益的关注。他们鼓励员工将个人利益置于整体利益之下，推崇团队合作和共同发展。在中国传统道德中，强调了个人责任与社会责任的平衡，责任型领导通过强调员工的责任感，引导员工始终把道德和社会利益放在首位，从而影响员工的道德行为决策。

此外，责任型领导还注重培养员工的道德素养和道德意识。他们通过培训和教育，加强员工对道德概念和价值观念的理解和认同。他们通过提供道德决策的指导和支持，帮助员工在面对道德困境时作出正确的选择。

综上所述，责任型领导在中国传统道德背景下对员工的道德行为和道德决策具有重要的影响。他们以身作则，激励员工遵守道德准则；强调员工的社会责任和整体利益，引导员工作出正确的道德决策；并通过培养员工的道德素养和道德意识，提升员工在道德行为上的认知和能力。这些影响有助于员工在职业生涯中保持道德规范，并为组织的可持续发展作出贡献。

六、责任型领导与跨文化管理

在中国企业国际化和全球化的趋势下，责任型领导在跨文化团队中的重要作用也日益凸显。中国企业的全球化和国际化是指中国企业通过跨国投资、海外并购、国际合作等方式扩展其业务范围和市场影响力，融入全球经济体系。中国企业追求全球化和国际化的动力主要有几个方面：首先，中国市场的竞争日益激烈，企业需要寻找新的增长机会和市场空间。其次，中国企业积累了丰富的资本、技术和人力资源，具备了走出去的实力和条件。此外，中国企业希望通过国际化来提高自身的品牌价值、技术创新和管理能力，与国际先进企业合作，实现更高水平的发展。

中国企业的全球化和国际化具有以下特点：首先，中国企业在不同行业中展示出强大的竞争优势，如电信、能源、银行、制造业等。其次，中国企业在国际化过程中，注重与当地企业和政府的合作，融入当地文化和市场环境，实现本土化经营。此外，中国企业在全球化过程中也面临着一些挑战，如市场壁垒、国际竞争、文化差异和政治风险等。中国企业的全球化和国际化对中国经济和全球经济都带来了深远影响。它不仅为中国企业提供了更广阔的发展机遇，增强了中国企业的国际竞争力，还促进了技术创新、资源配置和产业升级。同时，中国企业的全球化也为全球经济增长注入了新的活力，推动了全球经济的互联互通和共同发展。总体而言，中国企业的全球化和国际化是中国经济发展的必然趋势。它既是中国企业实现自身发展的重要路径，也是中国融入全球化经济的重要途径。随着全球化和国际化的不断推进，中国企业将在全球舞台上发挥更加重要的作用。

随着中国企业的国际化和全球化趋势，责任型领导在跨文化团队中的应用具有重要意义。首先，责任型领导在跨文化团队中能够创造一个积极的工作环境和团队氛围。他们以身作则，展现出诚信、正直和责任感的榜样，激励团队成员以高标准要求自己，并与其他团队成员保持良好的合作关系。这种激励和引导方式能够促进团队成员的积极性和合作性，提升团队整体绩效。其次，责任型领导注重建立互信和文化敏感性。在跨文化团队中，成员来自不同的国家，拥有不同的文化背景和价值观念，责任型领导通过倾听和理解团队成员的需求和观点，增强彼此之间的信任和理解。他们还关注和尊重不同文化的差异，以文化敏感的方式进行决策和沟通，避免误解和冲突的发生。此外，责任型领导在跨文化团队中注重培养团队成员的道德素养和全球意识。他们通过提供道德决策的指导和支持，帮助团队成员面对跨文化的道德困境，作出正确的选择。同时，他们也加强团队成员对全球化和国际事务的理解和认知，提升团队的全球视野和全球意识。

综上所述，责任型领导在跨文化团队中发挥着重要的作用。他们通过树立榜样、建立互信、培养道德素养和全球意识等方式，促进团队成员之间的合作和沟通，增强团队的凝聚力和绩效。在中国企业国际化和全球化的过程中，责任型领导将扮演着重要的角色，推动跨文化团队的成功和持续发展。

七、责任型领导与企业环境管理

根据中研产业研究院的《2024－2029年生态环境产业现状及未来发展趋势分析报告》分析，预计2024～2029年，中国环保产业营业收入年复合增长率将达到10%，至2029年末，营业收入规模有望突破4万亿元。随着中国政府日益重视环境保护和可持续发展，责任型领导在企业中的角色愈发重要，他们通过自身的领导风格和行为模式，积极推动企业履行环保责任，实现绿色转型。责任型领导对中国企业环境管理的影响主要包括以下几点。

第一，责任型领导强调个人和团队在组织中的责任和义务，这种价值观在环保行为中得到了充分体现。他们不仅关注企业的经济效益，更重视企业的社会责任和环境影响。因此，责任型领导会积极推动企业制定环保政策和目标，并鼓励员工参与环保活动，共同为环境保护作出贡献。在行动过程中，责任型领导往往会成为榜样，通过自己的行为，例如节能减排、资源利用效率等，来影响员工的态度和行为。

第二，责任型领导强调透明度和诚信，这有助于企业建立公开、透明的环保管理体系。这种领导者可能会设定具体的环保目标，并制定相应的标准和指标。这些目标可以包括减少能源消耗、降低废物产生、提高环境友好型产品的比例等。他们会要求企业定期发布环保报告，向公众披露企业的环保绩效和存在的问题。这种透明度不仅有助于提升企业的形象和声誉，还能增强公众对企业的信任和支持，推动企业更好地履行环保责任。

第三，责任型领导还注重激发团队成员的责任感和工作动力。他们会通过给予员工自主性和决策权，让员工参与到环保工作中来，感受到自己的价值和贡献。这种参与感和成就感能够激发员工的工作热情和创造力，推动企业环保工作的深入开展。在中国环境下，责任型领导还需要面对一些特殊的挑战。例如，中国的环境污染问题呈现出明显的区域性差异和多污染源共存的特点，这增加了企业履行环保责任的难度。但是，责任型领导能够通过深入了解当地的环境状况和问题，结合企业的实际情况，制定切实可行的环保方案，推动企业实现绿色转型。

总之，在中国环境下，责任型领导对企业环保行为的影响是积极的、显著的。他们通过自身的领导风格和行为模式，推动企业积极履行环保责任，实现绿色转型，为社会的可持续发展作出积极贡献。

参 考 文 献

[1] 步行，张剑，李精精，等．责任型领导对员工帮助行为的影响——一个跨层链式中介模型 [J]．财经论丛，2021（1）：85－93．

[2] 陈宏辉，贾生华．企业社会责任观的演进与发展：基于综合性社会契约的理解 [J]．中国工业经济，2003（12）：85－92．

[3] 程雪莲，陈宏辉，郑孟育．中国文化情境下责任型领导的结构维度和量表开发 [J]．管理学报，2021，18（12）：1780－1789．

[4] 戴万亮，路文玲．责任型领导对员工责任式创新的涓滴效应——基于社会信息加工理论的解释 [J]．科学学与科学技术管理，2021，42（7）：121－138．

[5] 郭亿馨，苏勇．责任型领导概念结构与量表 [J]．技术经济，2017，36（10）：77－83．

[6] 郭亿馨，苏勇．责任型领导对下属组织公民行为的双刃剑效应 [J]．经济与管理研究，2018，39（5）：90－102．

[7] 贾进．环保变革型领导对环保组织公民行为的影响机制研究：绿色人力资源管理的跨层次调节 [D]．成都：西南财经大学．2016．

[8] 蔺琳，金家飞，贾进．环保组织公民行为的概念、测量及实证发现 [J]．学术论坛，2015（9）：92－97．

[9] 蔺琳．辱虐管理对企业环境绩效的影响机制研究 [D]．成都：西南财经大学，2014．

[10] 刘军，宋继文，吴隆增．政治与关系视角的员工职业发展影响因素探讨 [J]．心理学报，2008，40（2）：201－209．

[11] 刘美玉．企业利益相关者共同治理与互相制衡研究 [M]．北京：

北京师范大学出版社，2010.

[12] 牛晨晨，梁阜，杨静. 悖论式领导对环保组织公民行为的影响研究 [J]. 南京工业大学学报（社会科学版），2021，20（2）：100 - 110，112.

[13] 潘持春，黄菲雨. 责任型领导、绿色心理氛围与员工绿色行为：环境心理控制源的调节作用 [J]. 南京工业大学学报（社会科学版），2021，20（1）：99 - 110，112.

[14] 彭坚，等. 如何激发员工绿色行为？绿色变革型领导与绿色人力资源管理实践的作用 [J]. 心理学报，2020，52（9）：1105 - 1120.

[15] 时阳，李天则，陈晓. 责任型领导：概念、测量、前因与后果 [J]. 中国人力资源开发，2017（1）：6 - 15.

[16] 宋继文，等. 责任型领导与企业社会资本建立：怡海公司案例研究 [J]. 管理学报，2009，6（7）：988 - 994.

[17] 苏伟琳，林新奇. 责任型领导对下属创新行为的影响机制研究 [J]. 当代经济管理，2019，41（8）：69 - 76.

[18] 唐贵瑶，等. 绿色人力资源管理研究述评与展望 [J]. 外国经济与管理，2015（10）：82 - 96.

[19] 田虹，所丹妮. 基于企业社会责任导向的环境变革型领导对环境组织公民行为的影响机制研究 [J]. 管理学报，2020，17（5）：755 - 762.

[20] 田青，等. 如何提升员工的环保组织公民行为？环保利他关注的中介作用及组织认同的调节作用 [J]. 中国人力资源开发，2019，36（2）：22 - 34.

[21] 王艳子，李洋. 责任型领导与员工工作偏离行为的关系：一个被调节的中介效应模型 [J]. 中央财经大学学报，2019（11）：105 - 114.

[22] 王震，许灏颖，杜晨朵. 领导学研究中的下行传递效应：表现、机制与条件 [J]. 心理科学进展，2015，23（6）：1079 - 1094.

[23] 王忠军，龙立荣，刘丽丹. 组织中主管 - 下属关系的运作机制与效果 [J]. 心理学报，2011，43（7）：798 - 809.

[24] 文鹏，夏玲，陈诚. 责任型领导对员工揭发意愿与非伦理行为

的影响［J］.经济管理，2016，38（7）：82 –93.

［25］文鹏，夏玲.责任型领导研究述评与展望［J］.外国经济与管理，2015，37（11）：38 –49，84.

［26］邢璐，林钰莹，何欣露，等.理性与感性的较量：责任型领导影响下属绿色行为的双路径探讨［J］.中国人力资源开发，2017（1）：31 –40，51.

［27］姚春序，张曼婷，廖中举.企业责任型领导的结构维度研究：基于扎根理论的探索［J］.中国人力资源开发，2020，37（2）：65 –76.

［28］张佳良，袁艺玮，刘军.伦理型领导对员工环保组织公民行为的影响［J］.中国人力资源开发，2018，35（2）：19 –29.

［29］郑晓明，余宇，刘鑫.配偶情绪智力对员工工作投入的影响：员工生活幸福感的中介作用和性别的调节作用［J］.心理学报，2022，54（6）：646 –664.

［30］邹艳春，章惠敏，彭坚，等.环保服务型领导：效果与机制［J］.心理科学进展，2023，31（5）：827 –839.

［31］Abbas A，Chengang Y，Zhuo S，et al. Role of responsible leadership for organizational citizenship behavior for the environment in light of psychological ownership and employee environmental commitment：A moderated mediation model［J］. Frontiers in Psychology，2022，12：756570.

［32］Aboramadan M，Kundi Y M，Farao C. Examining the effects of environmentally-specific servant leadership on green work outcomes among hotel employees：the mediating role of climate for green creativity［J］. Journal of Hospitality Marketing & Management，2021，1（28）.

［33］Ahmed F，Faraz N A，Xiong Z，et al. The multilevel interplay of responsible leadership with leader identification and autonomous motivation to cultivate voluntary green behavior［J］. Asia Pacific Journal of Management，2023：1 –29.

［34］Althnayan S，Alarifi A，Bajaba S，et al. Linking environmental transformational leadership，environmental organizational citizenship behavior， and organizational sustainability performance: A moderated mediation model [J]. Sustainability, 2022, 14 (14): 8779.

[35] Andersson L, Shivarajan S, Blau G. Enacting ecological sustainability in the MNC: A test of an adapted value-belief-norm framework [J]. Journal of business ethics, 2005, 59: 295 – 305.

[36] Anser M K, Shafique S, Usman M, et al. Spiritual leadership and Organizational Citizenship Behavior for the Environment: An Intervening and Interactional Analysis [J]. Journal of Environmental Planning and Management, 2020.

[37] Ashkanasy N M, Hartel C E J, Daus C S. Diversity and emotion: The new frontiers in organizational behavior research [J]. Journal of Management, 2002, 28: 307 – 338.

[38] Bandura A. Social Foundations of Thought and Action: A Social Cognitive Theory [M]. Englewood Cliffs, NJ: Prentice Hall, 1986.

[39] Bansal P, Song H C. Similar But Not the Same: Differentiating Corporate Sustainability from Corporate Responsibility [J]. Academy of Management Annals, 2017 (1): 105 – 149.

[40] Bashirun S N, Samudin N M R, Zolkapli N M, et al. Fostering organizational citizenship behavior for the environment in promoting employee green behavior at the workplace [J]. International Journal of Business and Management, 2019, 3 (1): 18 – 24.

[41] Blair M M. Ownership and Control: Rethinking Corporate Governance for the 21 Century [M]. Washington: the Brookings Institution, 1995.

[42] Bochner A P. It's About Time: Narrative and the Divided Self [J]. Qualitative Inquiry, 1997, 3 (4): 418 – 438.

[43] Boiral O, Paillé P. Organizational citizenship behaviour for the environment: Measurement and validation [J]. Journal of business ethics, 2012, 109: 431 – 445.

[44] Boiral O. Greening the corporation through organizational citizenship

behaviors [J]. Journal of Business Ethics, 2009, 87 (2): 221 – 236.

[45] Carroll A B. A three-dimensional conceptual model of corporate social performance [J]. Academy of Management Review, 1979, 4 (4): 497 – 505.

[46] Voegtlin C. Development of a Scale Measuring Discursive Responsible Leadership [J]. Journal of Business Ethics, 2011: 57 – 73.

[47] Culbert S A. The Organization Trap and How to get out of It [M]. New York: Basic Books, 1974.

[48] Daily B F, Bishop J W, Govindarajulu N. A conceptual model for organizational citizenship behavior directed toward the environment [J]. Business &Society, 2009, 48 (2): 243 – 256.

[49] Daily B F, Bishop J W, Massoud J A. The role of training and empowerment in environmental performance [J]. International Journal of Operations & Production Management, 2012, 32 (5): 631 – 647.

[50] Deci E L, Ryan R M. The "what" and "why" of goal pursuits: Human needs and the self-determination of behavior [J]. Psychological inquiry, 2000, 11 (4): 227 – 268.

[51] Doh J P, Quigley N R. Responsible leadership and stakeholder management: influence pathways and organizational outcomes [J]. Academy of Management Executive, 2014, 28 (3): 255 – 274.

[52] Doh J P, Stumpf S A, Tymon W G, Jr. Responsible leadership helps retain talent in India [J]. Journal of Business Ethics, 2011, 98 (S1): 85 – 100.

[53] Eisenberger R, Armeli S. Rexwinkel, B. Reciprocation of perceived organizational support [J]. Journal of Applied Psychology, 2001, 86 (1): 42 – 51.

[54] Erdogan B, Bauer T N, Taylor S. Management commitment to the ecological environment and employees: Implications for employee attitudes and citizenship behaviors [J]. Human Relations, 2015, 68 (11): 1669 – 1691.

[55] Felin T, Foss N J, Ployhart R E. The Microfoundations Movement in Strategy and Organization Theory [J]. Academy of Management Annals, 2015,

9（1）：575 – 632.

[56] Székely F, Knirsch M. Responsible Leadership and Corporate Social Responsibility: Metrics for Sustainable Performance [J]. European Management Journal, 2005: 628 – 647.

[57] Freeman R E. Strategic Management: A Stakeholder Approach [M]. America: Pitman, 1984.

[58] Friedman M. The Social Responsibility of Business Is to Increase Its Profits [J]. New York Times Magazine, 1970, 9 (13): 122 – 126.

[59] Frijda N H. Moods, emotion episodes and emotions. In Lewis, M., & Haviland, J. M. (Eds.). Handbook of emotions, New York: Guildford Press, 1993.

[60] Fuller J B, Marler L E, Hester K. Promoting Felt Responsibility for Constructive Change and Proactive Behavior: Exploring Aspects of an Elaborated Model of Work Design [J]. Journal of Organizational Behavior, 2006, 27 (8): 1089 – 1120.

[61] Galbreath J. Drivers of Corporate Social Responsibility: the Role of Formal Strategic Planning and Firm Culture [J]. British Journal of Management, 2010, 21: 511 – 525.

[62] Galpin T, Whittington J L. Sustainability leadership: From strategy to results [J]. Journal of Business Strategy, 2012, 33 (4): 40 – 48.

[63] Gerpott F H, Van Quaquebeke N, Schlamp S, et al. An identity perspective on ethical leadership to explain organizational citizenship behavior: the interplay of follower moral identity and leader group prototypicality [J]. Journal of Business Ethics, 2019, 156: 1063 – 1078.

[64] Han Z, Wang Q, Yan X. How responsible leadership motivates employees to engage in organizational citizenship behavior for the environment: A double-mediation model [J]. Sustainability, 2019, 11 (3): 605.

[65] He J, Kim H. The effect of socially responsible HRM on organizational citizenship behavior for the environment: A proactive motivation model [J].

Sustainability, 2021, 13 (14): 7958.

[66] Hind P, Wilson A Lenssen. Developing leaders for sustainable business [J]. Corporate Governance, 2009: 7 - 20.

[67] Hines J M, Hungerford H R, Tomera A N. Analysis and Synthesis of Research on Responsible Environmental Behavior: A Meta-analysis [J]. Journal of Environmental Education, 1987, 18 (2): 1 - 9.

[68] Jameel A, Ma Z, Liu P, et al. Driving Sustainable Change: The Power of Supportive Leadership and Organizational Citizenship Behavior in Fostering Environmental Responsibility [J]. Systems, 2023, 11 (9): 474.

[69] Javed M, et al. "Being true to oneself": the interplay of responsible leadership and authenticity on multi-level outcomes [J]. Leadership & Organization Development Journal, 2021, 42 (3).

[70] Jawahar I M. Toward a descriptive stakeholder theory: An organizational life cycle approach [J]. Academy of Management Review, 2001, 26 (3): 397 - 414.

[71] Doh J P, Quigley N R. Responsible Leadership and Stakeholder Management: Influence Pathways and Organizational Outcomes [J]. Academy of Management Perspectives, 2014, 28 (4).

[72] Law K S, Wong C S, Wang D X, et al. Effect of supervisor-subordinate guanxi on supervisory decisions in China: an empirical investigation [J]. International Journal of Human Resource Management, 2000, 11 (4): 751 - 765.

[73] Kim A, Kim Y, Han K, et al. Multilevel influences on voluntary workplace green behavior: individual differences, leader behavior, and coworker advocacy [J]. Journal of management, 2017, 43 (5): 1335 - 1358.

[74] Kim H R, Lee M, Lee H T. Corporate social responsibility and employee-company identification [J]. Journal of Business Ethics, 2010, 95: 557 - 569.

[75] Lamm E, Tosti-Kharas J, King C E. Empowering employee sustainability: Perceived organizational support toward the environment [J]. Journal of

Business Ethics, 2015, 128 (1): 207 - 220.

［76］Li Z, Xue J, Li R, et al. Environmentally specific transformational leadership and employee's pro-environmental behavior: The mediating roles of environmental passion and autonomous motivation ［J］. Frontiers in psychology, 2020, 11: 1408.

［77］Liang J, Farh C I C, Farh J L. Psychological Antecedents of Promotive and Prohibitive Voice: A Two-Wave Examination ［J］. Academy of Management Journal, 2012, 55 (1): 71 - 92.

［78］Lord R U, Brown D J. Leadership, values and subordinate self-concepts ［J］. Leadership Quarterly, 2001, 12 (2): 133 - 152.

［79］Lu H, Cai S, Liu Y, et al. How GHRM impacts employee OCBE: the role of emotions and value discrepancy ［J］. International Journal of Manpower, 2023, 44 (2): 318 - 333.

［80］Maak T, Pless N M. Responsible leadership in a stakeholder society-a relational perspective ［J］. Journal of business ethics, 2006, 66: 99 - 115.

［81］Maak, T. Responsible Leadership, Stakeholder Engagement, and the Emergence of Social Capital ［J］. Journal of Business Ethics, 2007, 74 (4): 329 - 343.

［82］Miehael C J. Value Maximization, stakeholder theory, and the corporate objective Function ［J］. Business Ethics Quarterly, 2002, 22: 32 - 42.

［83］Mitchell A, Wood D. Toward a Theory of Stakeholder Identification and Salience: Defining the Principle of Who and What Really Counts ［J］. Academy of Management Review, 1997, 22 (4): 853 - 886.

［84］Norton T A, Parker S L, Zacher H. , Ashkanasy N M. Employee green behavior: A theoretical framework, multilevel review, and future research agenda ［J］. Organization & Environment, 2015, 28 (1): 103 - 125.

［85］Ones D S, Dilchert S. Environmental sustainability at work: A call to action. ［J］. Industrial and Organizational Psychology, 2012, 5 (4): 444 - 466.

[86] Organ D W, Podsakoff P M, Mac Kenzie S B. Organizational citizenship behavior: Its nature, antecedents, and consequences [M]. Thousand Oaks, CA: Sage, 2006.

[87] Ozaki R. Adopting sustainable innovation: What makes consumers sign up to green electricity [J]. Business Strategy and theEnvironment, 2011, 20 (1): 1 −17.

[88] Paille P, Boiral O, Chen Y. Linking environmental management practices and organizational citizenship behaviour for the environment: A social exchange perspective [J]. The International Journal of Human Resource Management, 2013, 24 (18): 3552 −3575.

[89] Paillé P, Chen Y, Boiral O, et al. The impact of human resource management on environmental performance: An employee-level study [J]. Journal of Business ethics, 2014, 121 (3): 451 −466.

[90] Paillé P, Mejía-Morelos J H, Marché-Paillé A, et al. Corporate Greening, Exchange Process Among Co-workers, and Ethics of Care: An Empirical Study on the Determinants of Pro-environmental Behaviors at Coworkers-Level [J]. Journal of Business Ethics, 2016, 136 (3): 655 −673.

[91] Paille P, Mejia-Morelos J H. Antecedents of pro-environmental behaviours at work: The moderating influence of psychological contract breach [J]. Journal of Environmental Psychology, 2014, 38: 124 −131.

[92] Paille P, Boiral O, Chen Y. Linking environmental management practices and organizational citizenship behaviour for the environment: A social exchange perspective [J]. The International Journal of Human Resource Management, 2013, 24 (18): 3552 −3575.

[93] Parker E T, Pascarella E T. Effects of diversity experiences on socially responsible leadership over four years of college [J]. Journal of Diversity in Higher Education, 2013, 6 (4): 219 −230.

[94] Parker S K, Turner N. Work Design and individual Work Performance: Research Findings and an Agenda for Future inquiry [M] //SONNEN-

TAG S. Psychological Management of individual Performance. Chichester; John Wiky & Sons Ltd, 2002: 69 – 93.

［95］ Pearce J L, Gregersen H B. Task Interdependence and Extra role Behavior: A Test of the Mediating Effects of Felt Responsibility ［J］. Journal of Applied Psychology, 1991, 76 (6): 838 – 844.

［96］ Pham N T. Enhancing the organizational citizenship behavior for the environment: the roles of green training and organizational culture ［J］. Management & Marketing, 2018, 13 (4): 1174 – 1189.

［97］ Pless N M, Maak T, Stahl G K. Developing Responsible Global Leaders Through International Service-Learning Programs: The Ulysses Experience ［J］. Academy of Management Learning & Education, 2011, 10 (2): 237 – 260.

［98］ Pless N M. Understanding responsible leadership: Role identity and motivational drivers ［J］. Journal of Business Ethics, 2007, 74 (4): 437 – 456.

［99］ Priyankara H P R, Luo F, Saeed A, et al. How Does Leader's Support for Environment Promote Organizational Citizenship Behaviour for Environment? A Multi-Theory Perspective ［J］. Sustainability, 2018, 10 (1): 271.

［100］ Rad A M M, Yarmohammadian M H. A study of relationship between managers' leadership style and employees' job satisfaction ［J］. Leadership in Health services, 2006, 19 (2): 11 – 28.

［101］ Raineri N, Paillé P. Linking corporate policy and supervisory support with environmental citizenship behaviors: The role of employee environmental beliefs and commitment ［J］. Journal of Business Ethics, 2016, 137: 129 – 148.

［102］ Ramus C A, Steger U. The roles of supervisory support behaviors and environmental policy in employee "ecoinitiatives" at leading-edge European companies ［J］. Academy of Management Journal, 2000, 43 (4): 605 – 626.

［103］ Renwick D, et al. Green HRM: A Review, Process Model, and Research Agenda ［M］. Sheffield: UniveRenwickrsity of Sheffield Management

School, 2008.

[104] Robertson J L, Barling J. Greening organizations through leaders' influence on employees' pro-environmental behaviors [J]. Journal of organizational behavior, 2013, 34 (2): 176 – 194.

[105] Rowley T J. Moving Beyond Dyadic Ties: A Network Theory of Stakeholder Influences [J]. Academy of Management Review, 1997, 22 (4): 887 – 910.

[106] Schein E H. Culture: The missing concept in organization studies [J]. Administrative Science Quarterly, 1996, 41 (2): 229 – 240.

[107] Stahl G K, de Luque M S. Antecedents of responsible leader behavior: A research synthesis, conceptual framework, and agenda for future research [J]. The Academy of Management Perspectives, 2014, 28 (3): 235 – 254.

[108] Starik M, Stubbs W, Benn S. Synthesising environmental and socio-economic sustainability models: A multi-level approach for advancing integrated sustainability research and practice [J]. Australasian Journal of Environmental Management, 2016, 23 (4): 402 – 425.

[109] Temminck E, Mearns K, Fruhen L. Motivating employees towards sustainable behavior [J]. Business Strategy and the Environment, 2015, 24 (6): 402 – 412.

[110] Tian Q, Robertson J L. How and When Does Perceived CSR Affect Employees' Engagement in Voluntary Pro-environmental Behavior? [J]. Journal of Business Ethics, 2017 (4): 1 – 14.

[111] Tuan L T. Activating tourists' citizenship behavior for the environment: the roles of CSR and frontline employees' citizenship behavior for the environment [J]. Journal of Sustainable Tourism, 2018, 26 (7): 1178 – 1203.

[112] Tuan L T. Catalyzing employee OCBE in tour companies: Charismatic leadership, organizational justice, and pro-environmental behaviors [J]. Journal of Hospitality & Tourism Research, 2019, 43 (5): 682 – 711.

［113］Ullah I, Wisetsri W, Wu H, et al. Leadership styles and organizational citizenship behavior for the environment: the mediating role of self-efficacy and psychological ownership ［J］. Frontiers in Psychology, 2021, 12: 683101.

［114］Unsworth K L, Dmitrieva A. , Adriasola E. Changing behaviour: Increasing the effectiveness of workplace interventions in creating pro-environmental behavior change ［J］. Journal of Organizational Behavior, 2013, 34 (2): 211 -229.

［115］Voegtlin C, Patzer M, Scherer A G. Responsible Leadership in Global Business: A New Approach to Leadership and Its Multi-Level Outcomes ［J］. Journal of Business Ethics, 2012, 105 (1): 1 -16.

［116］Voegtlin C. Development of a Scale Measuring Discursive Responsible Leadership ［J］. Journal of Business Ethics, 2011, 98 (1): 53 -57.

［117］Weiss H M, Beal D J. Reflections on affective events theory ［M］//The effect of affect in organizational settings. Emerald Group Publishing Limited, 2005: 1 -21.

［118］Weiss H M, Cropanzano R. Affective events theory ［J］. Research in organizational behavior, 1996, 18 (1): 1 -74.

［119］Wierzbicka A. Defining emotion concepts ［J］. Cognitive science, 1992, 16 (4): 539 -581.

［120］Wood D J. Corporate social responsibility revisited ［J］. Academy of Management Reviewm, 1991, 16 (4): 691 -718.

［121］Xiao X, Zhou Z, Yang F, et al. Embracing responsible leadership and enhancing organizational citizenship behavior for the environment: A social identity perspective ［J］. Frontiers in Psychology, 2021, 12: 632629.

［122］Zhang J L, Chen Y F, Liu J. Ethical leadership and OCBE: The influence of pro-social motivation and self-accountability ［A］. Working paper, 2016.

［123］Zhang J, Keh H T. Interorganizational Exchanges in China: Organizational Forms and Governance Mechanisms ［J］. Management & Organization

Review, 2010, 6 (1): 123 – 147.

[124] Zhao H, Zhou Q. Exploring the impact of responsible leadership on organizational citizenship behavior for the environment: A leadership identity perspective [J]. Sustainability, 2019, 11 (4): 944.

[125] Zientara P, Zamojska A. Green organizational climates and employee pro-environmental behavior in the hotel industry [J]. Journal of Sustainable Tourism, 2017, 26 (7): 1142 – 1159.